战旗美如画

东北解放战争荣誉旗帜专题展览图集

辽沈战役纪念馆 编

辽宁人民出版社

战旗美如画

东北解放战争荣誉旗帜专题展览图集

红色江山来之不易，守好江山责任重大。要讲好党的故事、革命的故事、英雄的故事，把红色基因传承下去，确保红色江山后继有人、代代相传。

——2022年8月16日，习近平总书记在锦州市考察辽沈战役纪念馆时发表的重要讲话

前 言
QIAN YAN

旗帜指引方向，精神穿越时空。辽沈战役是中国人民解放战争中具有战略性决战意义的三大战役的第一个战役。辽沈战役的胜利，使中国军事形势进入一个新的转折点，加速了中国革命战争胜利的进程，是中国革命的成功和中国和平的实现已经迫近的标志。

本次展出的62面荣誉旗帜诞生于东北解放战争时期，特别是辽沈战役期间，是东北解放战争历史的微缩和凝集。首次编展馆藏珍贵旗类文物，着力表达对战功卓著参战部队的敬仰，充分表现听党指挥的东北人民解放军决战决胜的坚强意志，英勇无畏的豪迈气概，攻无不克、百战百胜的辉煌战绩，不怕牺牲、敢打必胜的战斗作风。

一面战旗就是一部史诗，一面战旗就是一座丰碑。每一面旗帜上都书写了人民军队的无上荣光，每一面旗帜后都伫立着一个鲜活的战斗集体。凝视鲜红的荣誉旗帜，回首辉煌的战斗历史，缅怀英雄的英勇故事，心中充满了信仰的强大力量。

战 旗 美 如 画

东北解放战争荣誉旗帜专题展览图集

辽沈战役纪念馆　编

展览编辑人员

总 编 审：刘晓光

编 　 审：龚 兵
　　　　　杨移风
　　　　　刘 军

主 　 编：杜宏国

编 　 辑：吕 亮
　　　　　杨 玲

讲 解 词：李 丁

总体设计：董士阳

制作施工：锦州大地美术公司

图集编辑人员

总 编 审：刘晓光

编 　 审：龚 兵
　　　　　刘 军

设 　 计：董士阳

摄 　 影：董士阳

封面摄影：郭玉民

篆 　 刻：何 宁

出版发行：辽宁人民出版社

出版说明

"战旗美如画——东北解放战争荣誉旗帜专题展览"是辽沈战役纪念馆于2022年3月为迎接党的二十大胜利召开而策划举办的原创专题展览。内容分为"荣誉旗帜 功勋卓著""战旗猎猎 决战决胜""奖旗熠熠 人民至上"三个部分，主要遴选62面馆藏奖旗类珍贵文物，通过以小见大、以点带面的方式生动讲述这些荣誉旗帜背后可歌可泣的英雄故事，充分表现听党指挥的东北人民解放军决战决胜的坚强意志，英勇无畏的豪迈气概，攻无不克、百战百胜的辉煌战绩，不怕牺牲、敢打必胜的战斗作风。

展览大纲在编写中参考了《辽沈战役纪念馆藏文物定级认定清单》《决战决胜——辽沈战役纪念馆基本陈列》《中国人民解放军历史资料丛书·辽沈战役卷》等专业书籍，凝结着编研人员的心血和汗水，是集体智慧的结晶。

展览推出后，得到社会各界广泛关注和一致好评，入选国家文物局2022年度"弘扬中华优秀传统文化、培育社会主义核心价值观"主题展览推介项目，并在多地交流展出。2023年是辽沈战役胜利暨东北解放75周年，为达到更好的宣传教育效果，讲好解放战争转折地的故事，以实际行动贯彻落实党的二十大和习近平总书记在辽宁及锦州考察时的重要讲话精神，故将展览内容集结成册，以飨读者。

因编者水平有限，不足之处，敬请批评指正。

编 者
2023年5月

目录

第一部分　荣誉旗帜　功勋卓著

军旗是军队的标志，是军魂的象征。荣誉旗帜是被授予过荣誉称号的部队所获得的旗帜，即奖旗。长期以来，荣誉称号是我军的最高奖励，获得荣誉旗帜是一支部队的里程碑。战时许多军人不惜用生命保护军旗，缴获敌方军旗被视为军队重要战功之一。人民军队建军以来历经大小战斗无数，屡创战史奇迹，拥有荣誉称号的单位只有3114个。

庆祝中华人民共和国成立70周年阅兵式

百面荣誉战旗列表

1	黄崖洞保卫战英雄团	51	天津战役三好连（打得好、纪律好、团结好）
2	叶挺部队	52	英勇顽强攻取皋兰山
3	光荣的临汾旅	53	钢铁英雄连
4	襄阳特功团	54	进藏先遣英雄连
5	济南第一团	55	二级英雄连
6	济南第二团	56	神炮中队
7	海空雄鹰团	57	夜月山英雄班
8	战斗模范连	58	智勇侦察排
9	模范党支部	59	阳廷安班
10	左权独立营	60	西藏高原钢铁运输班
11	洛阳营	61	模范红五团
12	大嶝岛战斗模范连	62	模范红十二团
13	渡海先锋营	63	铁锤子团
14	英雄中队	64	甲等功臣团
15	二级战斗英雄连	65	平型关大战突击连
16	杜凤瑞中队	66	铁的堡垒
17	海上先锋艇	67	钢铁连队
18	海上猛虎艇	68	百战百胜第三营
19	王克勤排	69	刺杀优胜连
20	功勋坦克	70	钢铁营
21	牺牲决胜团	71	白老虎连
22	阻击战英雄团	72	登陆先锋营
23	英勇善战模范团	73	临津江突破英雄连
24	白台山英雄团	74	道峰山营
25	塔山英雄团	75	鸡雄山阻击战斗英雄连
26	大渡河连	76	珍宝岛战斗功臣连
27	黄土岭功臣炮连	77	神鹰侦察排
28	白刃格斗英雄连	78	云台寺排
29	三八线尖刀英雄连	79	董存瑞班
30	中元山英雄连	80	二二二·九东无名高地一级英雄班
31	霹雳中队／航空兵英雄中队	81	铁军
32	英雄快艇	82	势如破竹十九团
33	钢铁雷达连	83	潍县团
34	英雄坦克营	84	强渡乌江模范连
35	猛虎连	85	百战百胜
36	攻坚英雄连	86	刘老庄连
37	法卡山英雄营	87	长城中队
38	扣林山战斗英雄营	88	模范战斗连
39	者阴山英雄连	89	金汤桥连
40	英雄硬六连	90	渡江模范营
41	金刚钻	91	英勇神速连
42	群众工作模范团	92	新兴里战斗模范连
43	钢铁团	93	杨根思连
44	长攻善守英雄团	94	英勇顽强功勋卓著特功八连
45	勇猛顽强英雄团	95	二级英雄连（屡战屡胜）
46	白云山团	96	攻守兼备
47	杀敌英雄连	97	英雄营
48	战斗模范连	98	神威导弹营
49	五战五捷第二连	99	英雄侦察连
50	钢铁营	100	黄继光英雄连

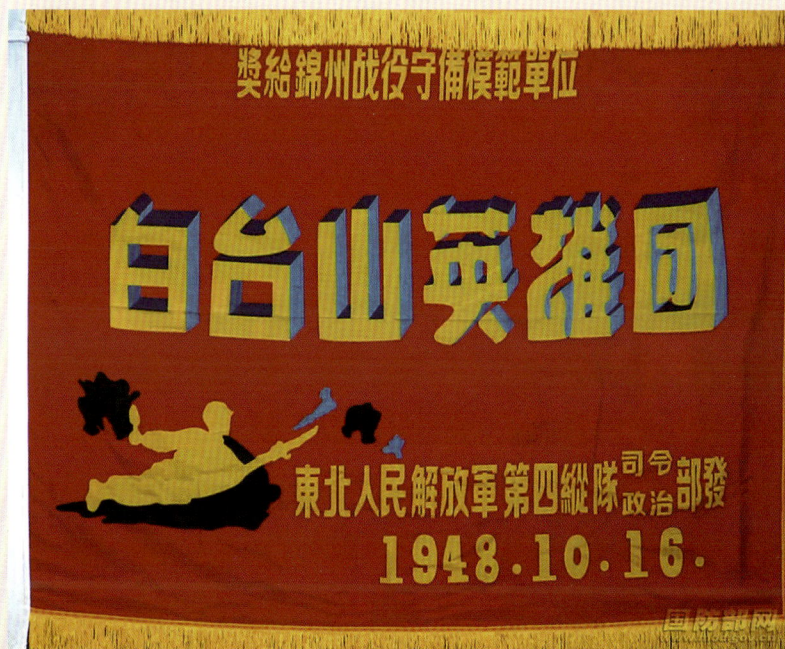

奖给锦州战役守备模范单位

白台山英雄团

东北人民解放军第四纵队司令政治部发

1948.10.16.

白台山英雄团 奖旗

　　1948年10月，塔山阻击战中，东北人民解放军第4纵队第12师第36团坚守白台山阵地，全团指战员抱着"剩一人一枪也坚守住阵地"的决心，浴血奋战六昼夜，打退国民党军数十次攻击，坚守自己的阵地，一寸未失，创造了阵地阻击战的光辉范例。战后，被纵队授予"白台山英雄团"奖旗。

【文物信息】

尺寸：纵140cm 横182cm

质地：棉麻纤维

现状：基本完整

　　东北人民解放军第4纵队第12师第36团，英勇顽强地完成了阻援任务，被纵队授予"白台山英雄团"光荣称号。图为白台山英雄团首长合影

塔山英雄团 奖旗

1948年10月，塔山阻击战中，东北人民解放军第4纵队第12师第34团守卫塔山堡阵地，全团指战员抱着"与阵地共存亡"的决心，浴血奋战6昼夜，打退国民党军数十次攻击，迫使国民党军未能进占塔山一步，创造了阵地阻击战的光辉范例。战后，被纵队授予"塔山英雄团"称号。

奖给锦州战役坚守塔山英雄单位
塔山英雄团
东北人民解放军第四纵队党委赠送
1948.10.16

【文物信息】

尺寸：纵125cm 横185cm

质地：棉麻纤维

现状：基本完整

守卫塔山的部队经过六昼夜的顽强奋战，胜利地完成了阻击任务。图为宣传员们冒着炮火将上级颁发的"塔山英雄团"的奖旗送上前线

白老虎连荣获的
"死打硬拼"奖旗

74团1连连长陈学良

74团1连指导员田广文

　　1948年9月，锦北渗透战中，东北野战军第9纵队第25师第74团1营1连在距锦州城2公里的白老虎屯与国民党军苦战16小时，打退国民党军1个团以上兵力15次冲锋，最后仅剩下37名勇士，坚守1座平房，顽强阻击，胜利完成任务。战后，被纵队命名为"白老虎连"，荣获"死打硬拼"奖旗。

【文物信息】

尺寸：纵162cm 横107cm　　质地：棉麻纤维

现状：基本完整

荣誉称号　来之不易

《东北民主联军立功运动暂行条例（草案）》

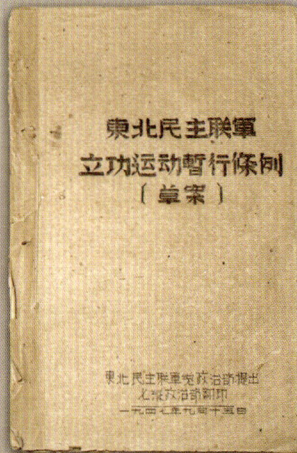

《夏季攻势中的立功运动与反倾向斗争的初步总结》

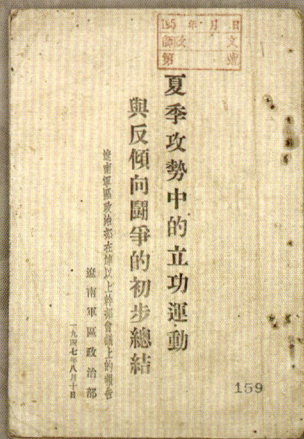

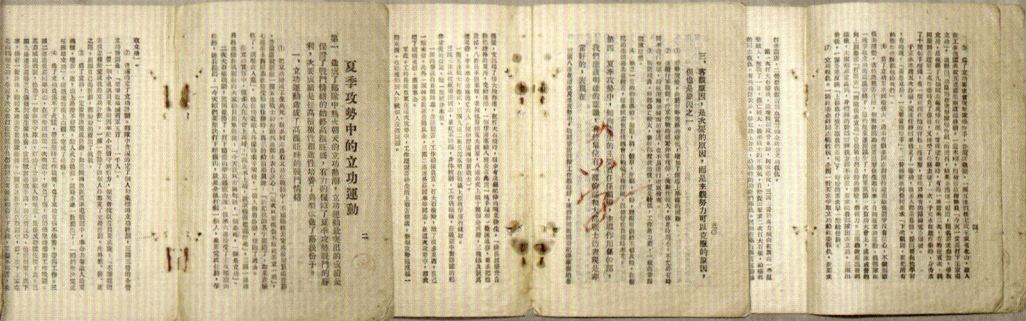

《论立功运动》

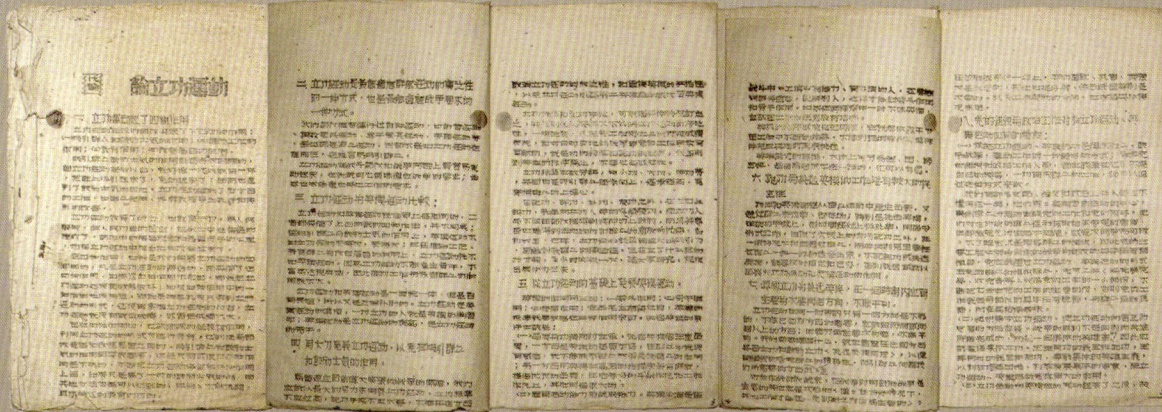

《战评运动》

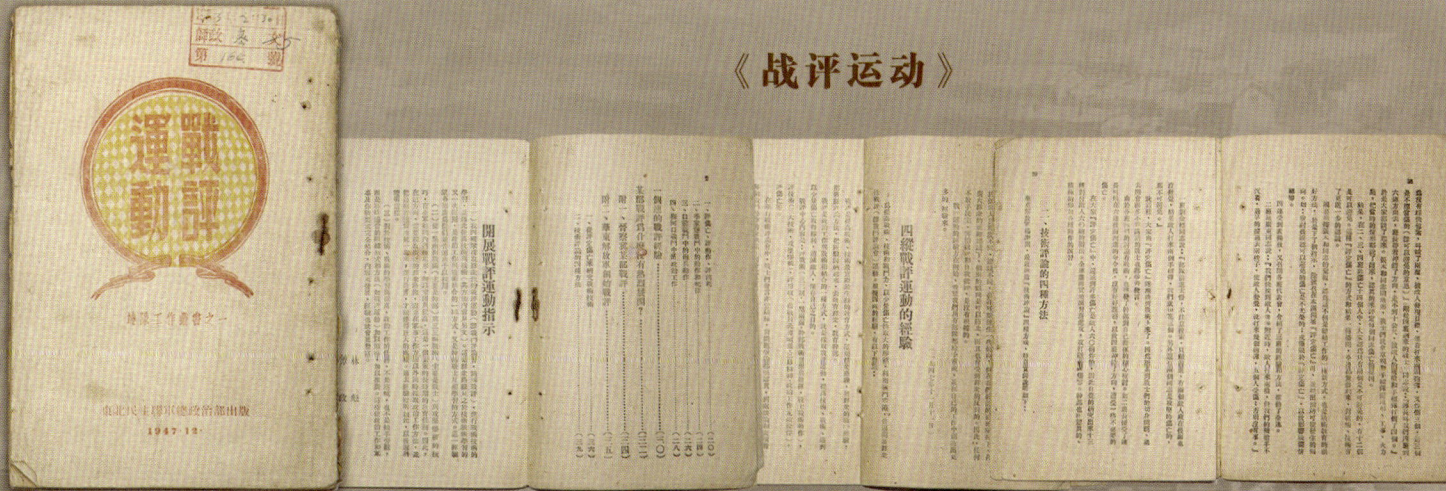

《辽东军区修正立功暂行条例》

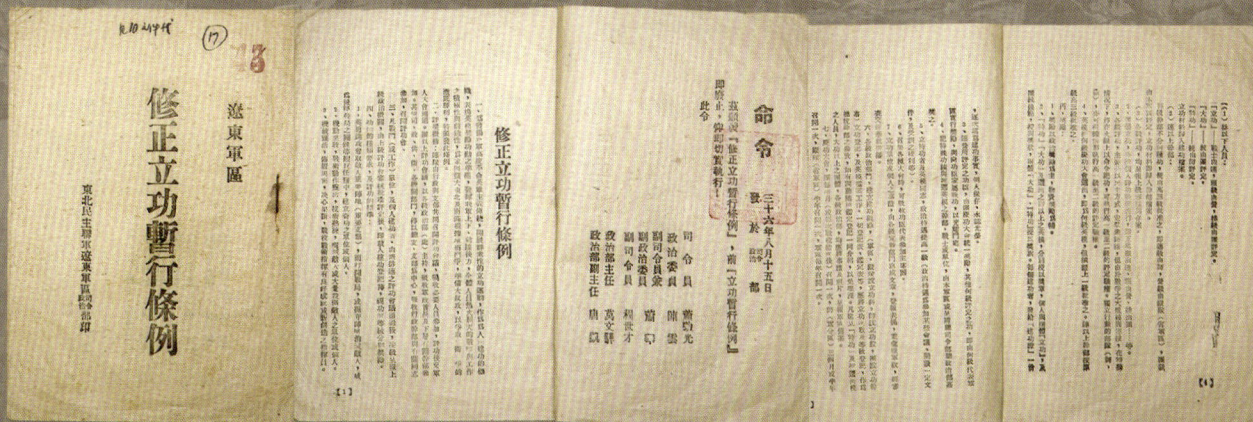

第二部分 战旗猎猎 决战决胜

辽沈战役从1948年9月12日至11月2日，历时52天，歼灭国民党军47万余人，解放了东北全境，加速了中国革命战争胜利的进程。

东北人民解放军这支所向披靡的革命队伍用听党指挥、决战决胜的政治品质和能力担当，不怕牺牲、敢于胜利的坚强意志和豪迈气概，立下了赫赫战功，创造了从胜利走向胜利的光辉历史。

高举义旗 走向光明

【文物信息】

尺寸：纵132cm
　　　横190cm

质地：绸

现状：基本完整

级别：国家一级文物

国民党军第184师 海城"起义红旗"

1946年5月，东北民主联军第4纵队发起鞍海战役。在大军压境和强大的政治攻势面前，驻海城国民党第60军第184师师长潘朔端率师部和第552团共3800人于5月31日成立民主同盟，并通电全国反对内战，举起了这面"反内战、争和平"的红旗。

起义后，该旗由潘朔端保存，1983年4月入藏辽沈战役纪念馆。

潘朔端

　　潘朔端（1901—1978），字孝源，云南威信人。黄埔军校第四期学员。抗日战争时期，任国民党第60军团长，在台儿庄战役中立下战功。1945年任第184师师长，赴越南接受日本投降。1946年调驻辽宁海城，5月率部起义，6月任中国民主同盟军第1军军长，10月加入中国共产党。潘朔端是解放战争初期东北战场第一个起义的国民党高级将领。起义后，朱德发来贺电，称赞潘朔端此举是见义勇为，振臂一呼，揭和平之义旗，张滇军之荣誉。

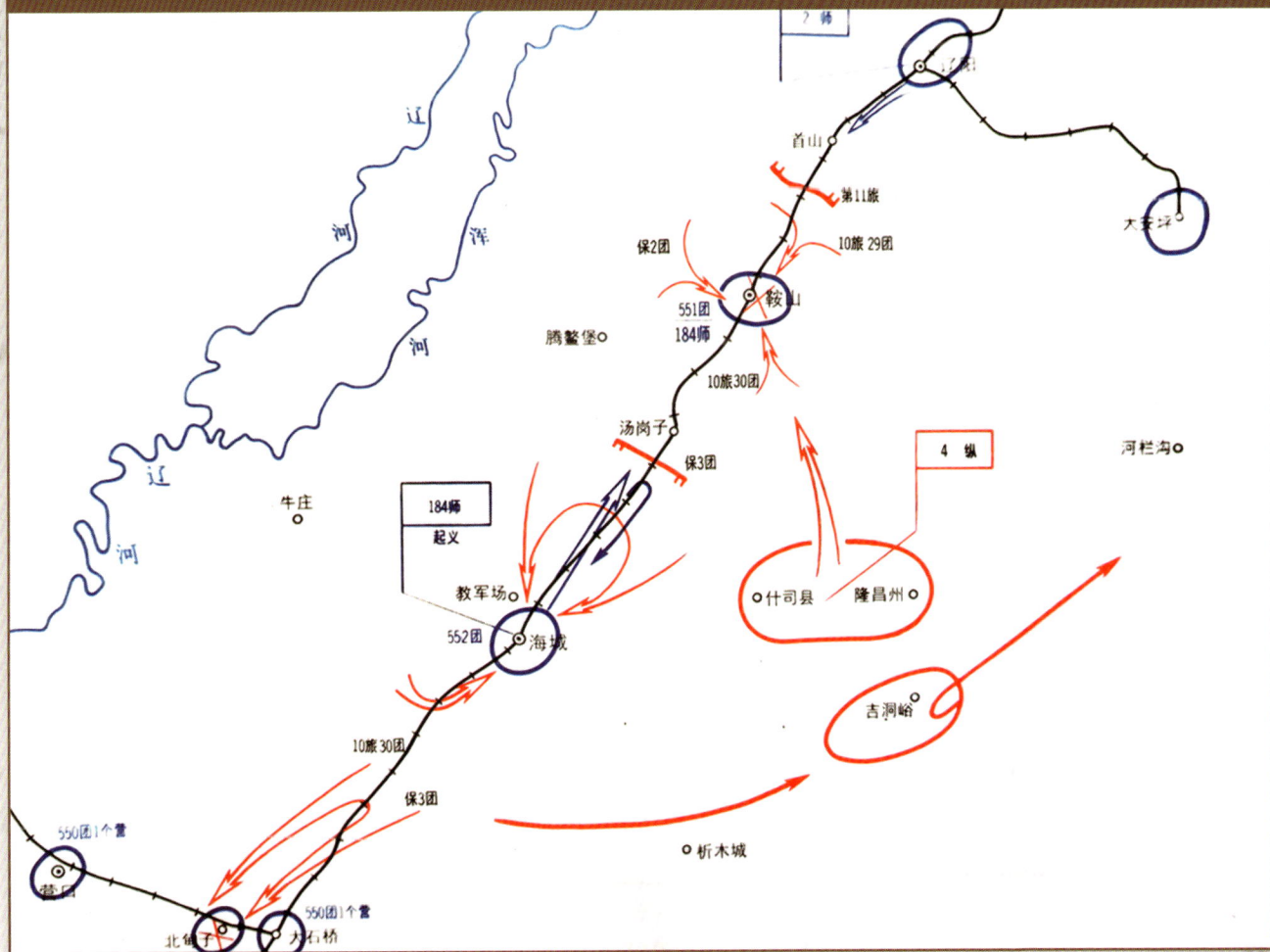

鞍海战役经过要图

中国民主同盟军 第一军军旗

【文物信息】尺寸：纵132cm 横190cm 质地：绸 现状：基本完整 级别：国家一级文物

　　1946年5月31日，国民党军第184师师长潘朔端在海城率部起义。6月，部队光荣改编为中国民主同盟军第一军，潘朔端任军长。这是当时第一军的军旗，由潘朔端保存，1983年4月入藏辽沈战役纪念馆。

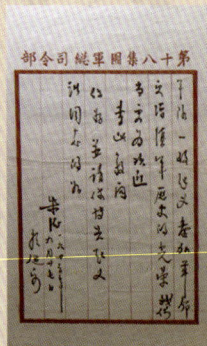

朱德总司令给潘朔端的亲笔信　　　　　　东北军区给潘朔端的任命书

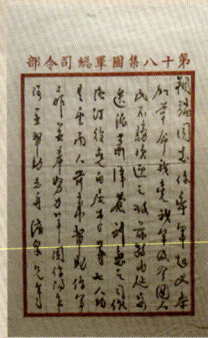

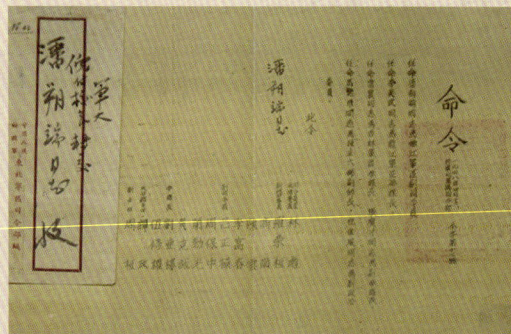

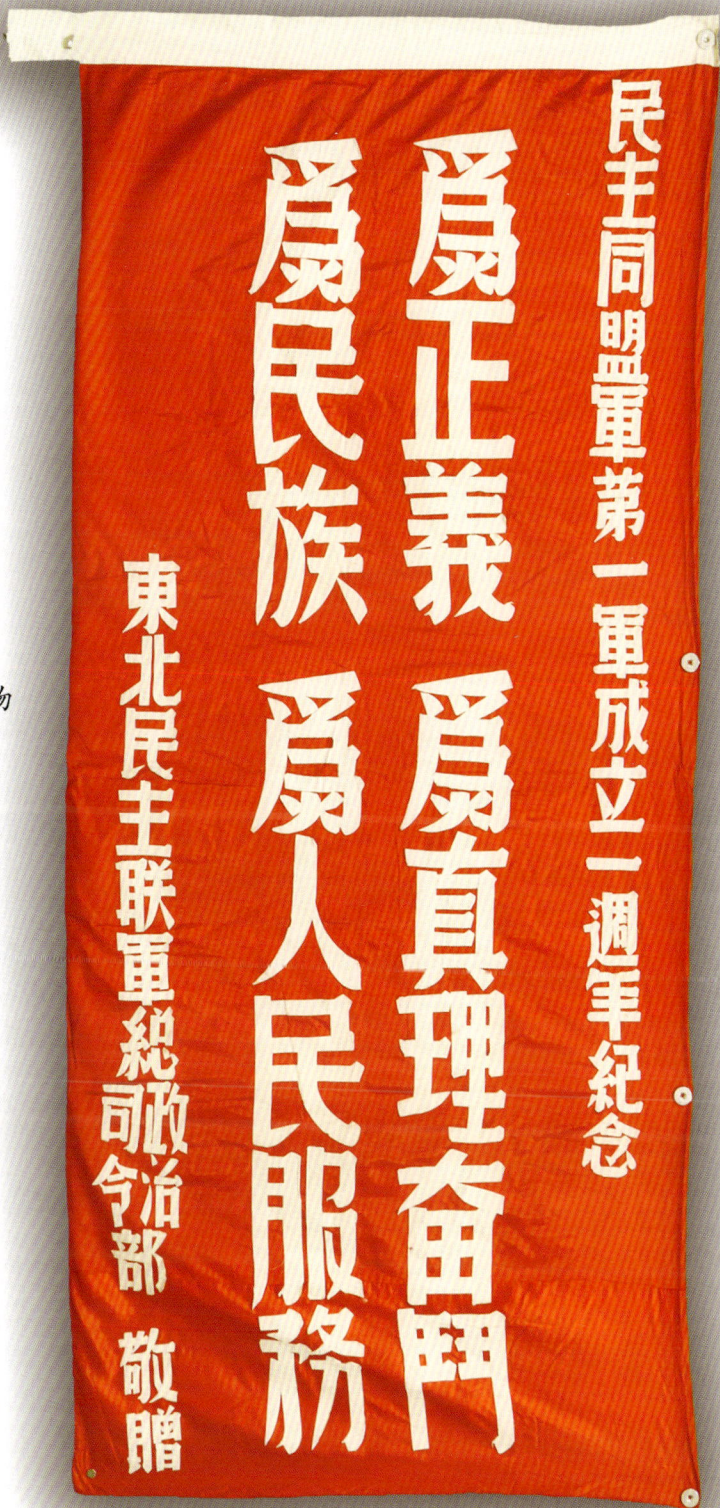

1946年5月，东北民主联军发起鞍海战役，
国民党军第184师师长潘朔端在海城率部起义

【文物信息】

尺寸：纵240cm
　　　横100cm

质地：棉麻纤维

现状：基本完整

级别：国家二级文物

这面旗是东北民主联军总司令部、总政治部在民主同盟军第一军成立一周年时赠送的纪念旗。

该旗由潘朔端爱人宋平保存，1983年4月入藏辽沈战役纪念馆。

民主同盟军第一军成立一周年纪念

为正义 为真理奋斗
为民族 为人民服务

东北民主联军总政治部 司令部 敬赠

民主同盟军第一军 成立一周年纪念旗

厉兵秣马 战略反攻

东北民主联军
第3纵队第7师第19团荣获的"铁拳"奖旗

1947年5月25日，东北民主联军第3纵队第7师第19团参加攻克东丰的战斗，歼灭国民党军第207师1个团，接着加入梅河口战斗，会同第4纵队第10师，全歼国民党军第184师2000余人。战后辽东军区授予该团"铁拳"奖旗。奖旗由原部队保存，1987年7月入藏辽沈战役纪念馆。

【文物信息】尺寸：纵160cm 横65cm　　质地：绸

　　　　　　现状：残破　　　　　　级别：国家二级文物

奖给十九团

鐵

拳

遼東軍區司令之政治部

1947年5月13日，夏季攻势开始。图为东北民主联军北满部队围攻怀德（今公主岭市）

东北民主联军向沈吉路中段、四梅路东段攻击。图为南满部队攻打梅河口国民党军前线指挥部，再歼国民党军第184师

1947年6月，东北民主联军第6纵队第17师首次被东北民主联军总部单独调用，担任四平攻坚战的总预备队。经过半个月的激战，攻破敌核心守备区，占领敌军部，毙伤俘敌2000余人。战后被总部誉为"攻坚老虎"。这是第6纵队第17师司令部、政治部奖给第51团6连的"勇猛冲杀"奖旗。

奖旗由原部队保存，1986年7月入藏辽沈战役纪念馆。（注：第51团辽沈战役后改编为第四野战军第384团）

【文物信息】

尺寸：纵105cm
　　　横64cm

质地：棉麻纤维

现状：基本完整

级别：国家三级文物

东北民主联军
第6纵队第17师第51团6连荣获的"勇猛冲杀"奖旗

东北民主联军向四平发起总攻，图为战士们冲进突破口

1947年6月，东北民主联军第6纵队第17师首次被东北民主联军总部单独调用，担任四平攻坚战的总预备队。经过半个月的激战，攻破敌核心守备区，占领敌军部，毙伤俘敌2000余人。战后被总部誉为"攻坚老虎"。这是第6纵队第17师司令部、政治部奖给第51团2营6连的"积极奋勇"奖旗。奖旗由原部队保存，1986年7月入藏辽沈战役纪念馆。

东北民主联军
第6纵队第17师第51团2营6连荣获的
"**积极奋勇**"奖旗

【文物信息】

尺寸：纵110cm
　　　横68cm

质地：棉麻纤维

现状：褪色 轻度损坏

级别：国家三级文物

攻占四平国民党军第71军军部

1947年6月11日，夏季攻势进入第二阶段，东北民主联军向战略要地四平发起攻击

东北民主联军
第6纵队第17师第49团9连荣获的 "吉林团山子连" 奖旗

1947年10月31日，东北民主联军第6纵队第17师第49团9连作为战斗突击连担负吉林外围团山子主防御阵地突破的任务，仅用20分钟就占领山头，一举攻下国民党军号称"模范工事"组成的坚固防御阵地。战后荣获"吉林团山子连"称号。奖旗由原部队保存，1959年入藏辽沈战役纪念馆。

【文物信息】
尺寸：纵69cm 横120cm
质地：绸
现状：边残
级别：国家二级文物

东北民主联军
第3纵队第8师第23团9连荣获的"无坚不毁　势不可挡"奖旗

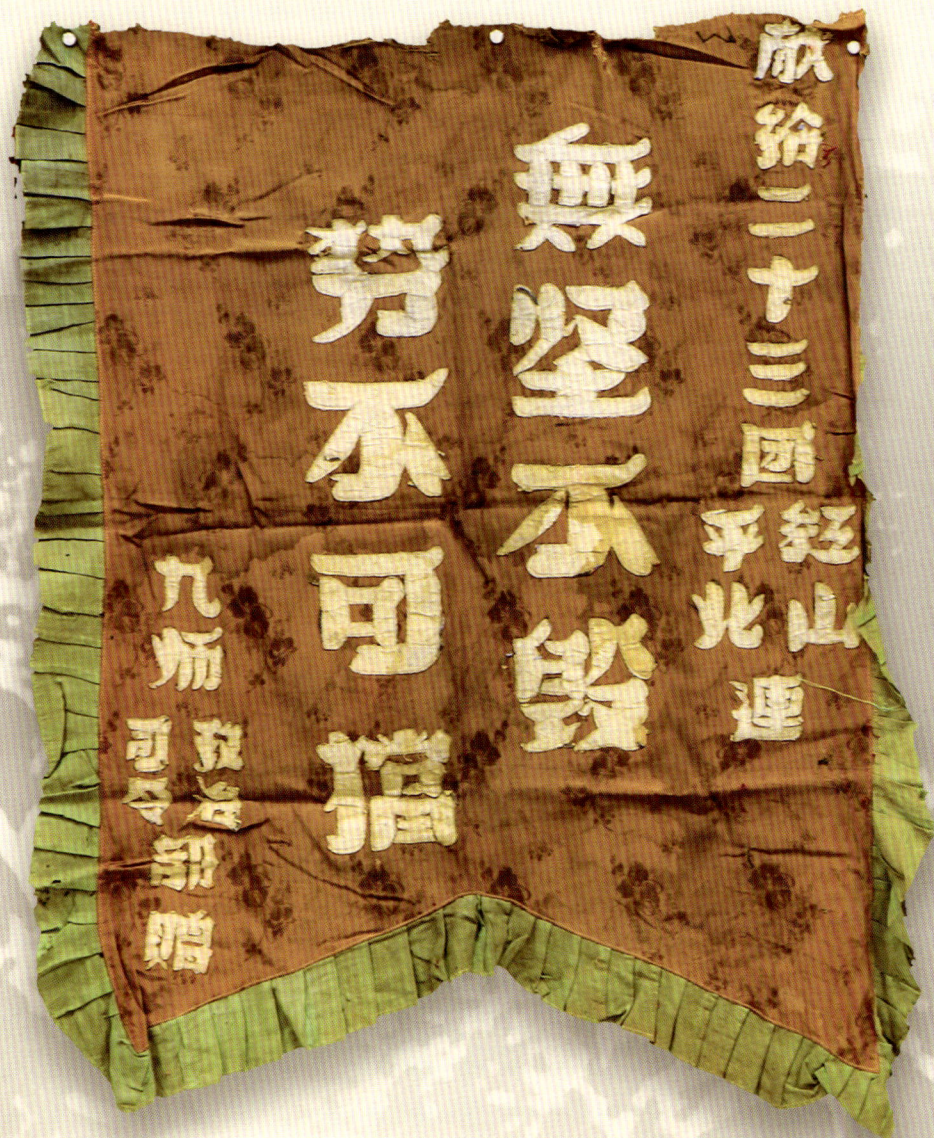

献给二十三团四平北山攻坚连

无坚不毁
势不可挡

九师政治部司令部敬赠

1947年冬季攻势中，东北民主联军第3纵队第8师第23团9连担任攻打四平北山的战斗任务，全连英勇战斗，胜利完成任务。战后兄弟部队第9师献给9连"无坚不毁势不可挡"奖旗。奖旗由原部队保存，1980年12月入藏辽沈战役纪念馆。

【文物信息】

尺寸：纵80cm 横73cm

质地：棉麻纤维

现状：上边、右边残缺

级别：国家三级文物

今年冬季我们更必须利用河流失去障碍作用之时，实行更大的集中兵力作战，除北满留个把纵队牵制敌人外，我军可集中七八个纵队作战。对较大的目标，我们能集中四五个纵队攻城，还有力量打援，或集中六七个纵队打运动战，而还有力量监视敌人。

——摘自《1947年11月16日东北民主联军冬季攻势作战的指示》

《第四野战军战史》第201页，解放军出版社2017年版2019年第2次印刷

夏、秋、冬季攻势战绩统计表

战役名称	历时	歼敌人数	解放城市	扩大解放区	解放人口
夏季攻势 (1947.5.13—7.1)	50天	8.2万余人	收复和一度攻克城镇 42座	16万平方公里	1000万
秋季攻势 (1947.9.14—11.5)	53天	6.9万余人	收复和一度攻克城市 15座	3.8万平方公里	260万
冬季攻势 (1947.12.15—1948.3.15)	92天	15.6万余人	收复和一度攻克城市 18座	20.2万平方公里	440万
合　计	195天	30.7万余人	收复和一度攻克城镇 75座	40万平方公里	1700万

辽沈战役　决战决胜

辽沈战役前国共双方态势图
（1948年8月）

图　例

⬭ 解放军集结地域

⬯ 国民党军集结地域

关于辽沈战役的作战方针

1948年秋，全国解放战争进入战略决战阶段。中共中央于9月在西柏坡召开政治局扩大会议，提出用5年左右时间(从1946年7月算起)从根本上打倒国民党反动统治的战略总任务。中央军委、毛泽东主席依据战局的发展变化，高瞻远瞩，因势利导，把人民解放军发起的攻势引向就地歼灭国民党重兵集团的战略决战。9月7日，毛泽东为中央军委起草了"关于辽沈战役的作战方针"的电报，确定首先在东北战场与国民党展开战略决战。

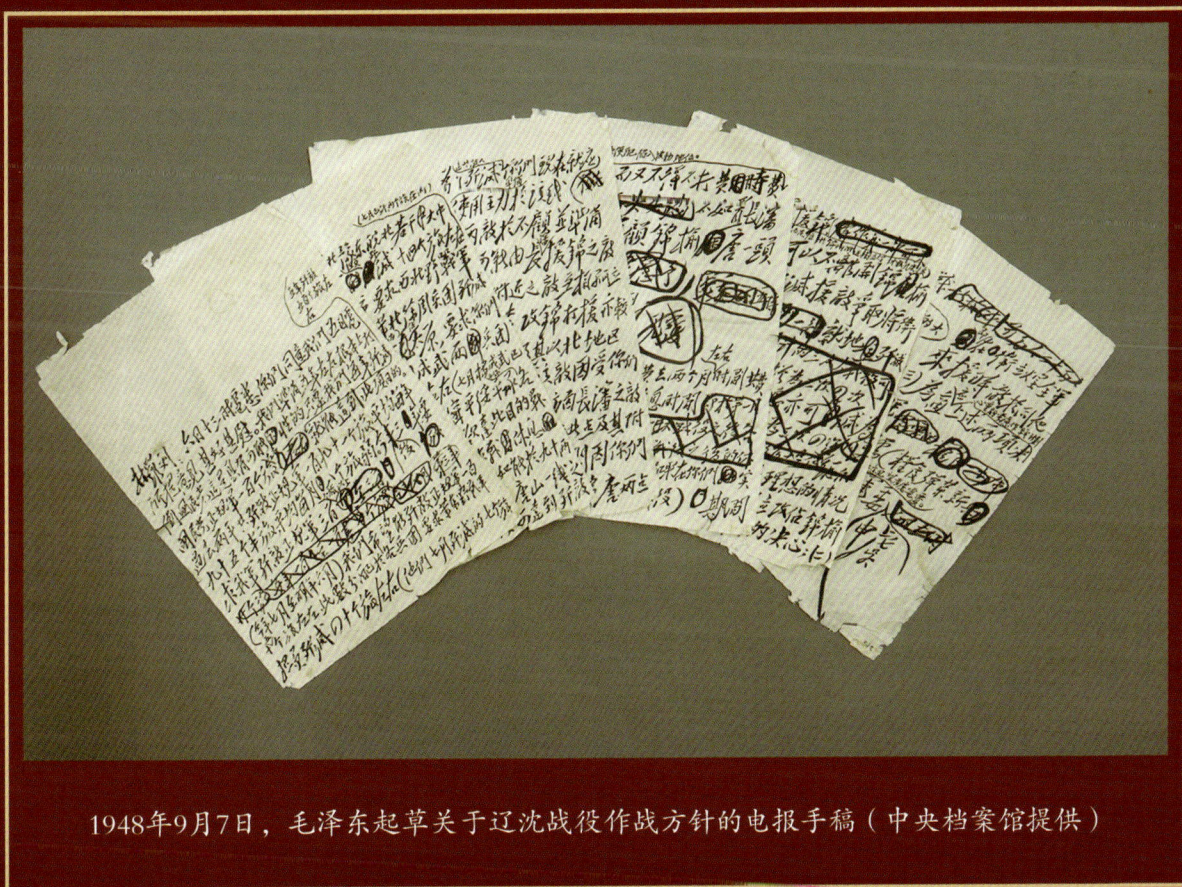

1948年9月7日，毛泽东起草关于辽沈战役作战方针的电报手稿（中央档案馆提供）

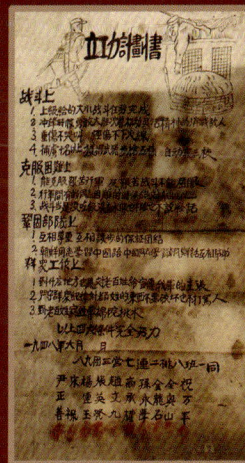

战士立功计划

攻克兴城

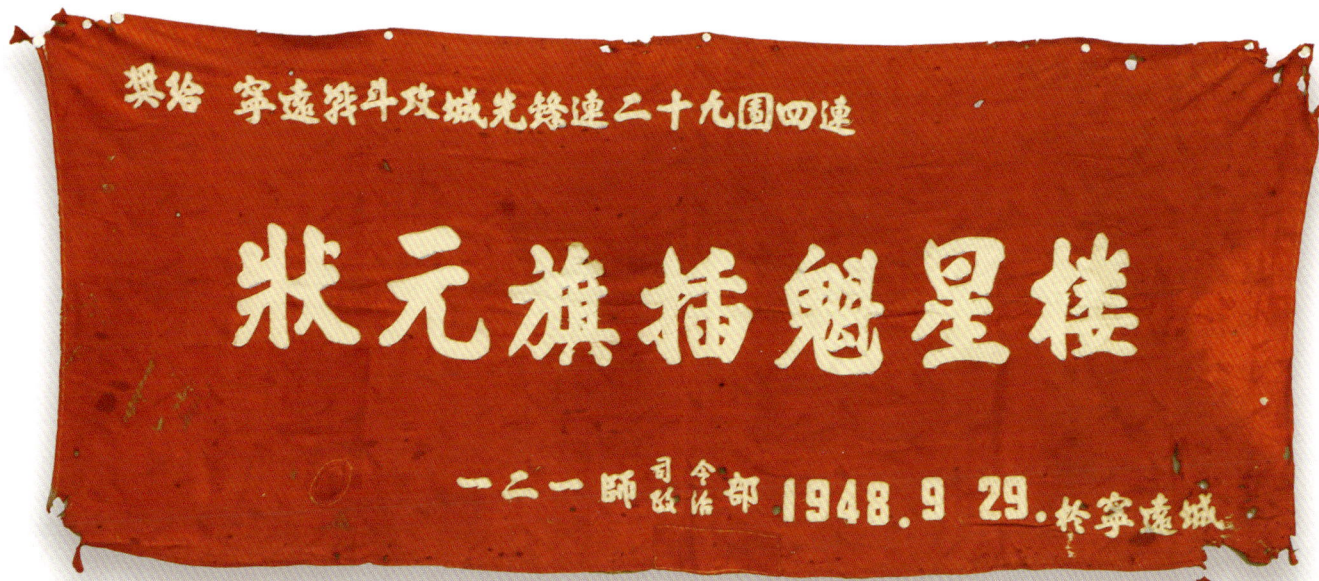

奖给 宁远战斗攻城先锋连二十九团四连

状元旗插魁星楼

一二一师司令部 1948.9 29. 於宁远城

【文物信息】

尺寸：纵67cm

横159cm

质地：绸

现状：残、洞补

级别：国家二级文物

东北野战军
第4纵队第10师第29团4连荣获的 "状元旗插魁星楼" 奖旗

1948年9月29日，东北野战军第4纵队第10师第29团4连攻打兴城，以城南角魁星楼为主要突击方向。在炮火的掩护下，仅用24分钟就突破了两道鹿砦、铁丝网，架云梯登上东南角城墙，占领国民党军临时指挥所，将红旗插上魁星楼，为后续部队打开前进的通道。战后荣获 "状元旗插魁星楼" 奖旗。奖旗由原部队保存，后入藏辽沈战役纪念馆。

（注：第10师辽沈战役后改编为第四野战军第121师）

东北野战军连克北戴河、绥中、兴城等地。图为攻克兴城

义 县 战 斗

【文物信息】
尺寸：纵70cm
　　　横138cm
质地：缎
现状：下边旗穗残破
级别：国家二级文物

东北野战军
第2纵队第5师第14团10连荣获的

"钢铁连队"奖旗

1948年9月30日，10连奉命攻取武家小庙。这里是通往义县的咽喉，敌人设置了20多个地堡和各种障碍。他们经过7个小时的激战，进行8次爆破，占领了阵地，并打退敌人1个营兵力的7次进攻，全连164人最后只剩下17人。战后，该连荣获纵队和团授予的"钢铁连队"奖旗各1面，这面旗是由纵队授予，奖旗由原部队保存。1979年12月入藏辽沈战役纪念馆。

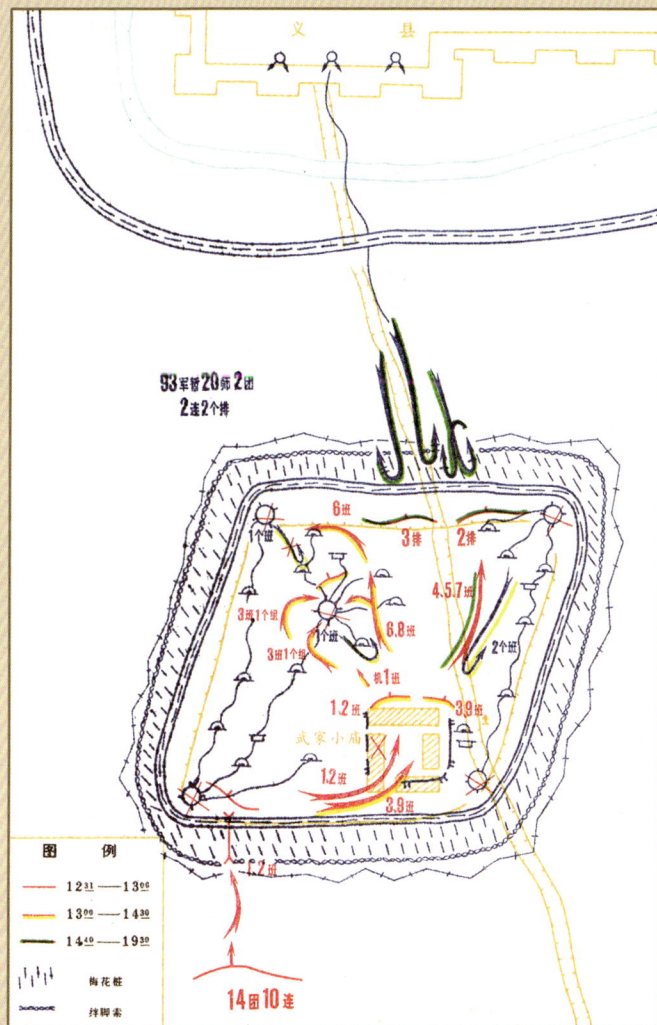

武家小庙进攻战斗经过要图
1948年9月30日

东北野战军
第2纵队第5师第14团10连2班荣获的 "智勇双全" 奖旗

1948年9月30日，义县武家小庙战斗中，东北野战军第2纵队第5师第14团10连机枪2班配合6班突击，英勇顽强打退敌人7次反冲锋，最后子弹、手榴弹都打光了，他们就捡起敌人的机枪、炮弹，与敌人战斗，最终击退了敌人。战后，第2纵队第5师第14团党委授予2班"智勇双全"奖旗。奖旗由原部队保存，1963年7月入藏辽沈战役纪念馆。

王凤江荣获的毛泽东奖章

【文物信息】
尺寸：纵86cm
　　　横57cm
质地：棉麻纤维
现状：基本完整
级别：国家三级文物

东北野战军第2纵队第5师第14团10连在义县武家小庙击退国民党军7次反击，为攻城扫清了障碍。图为10连副指导员申明和（右一）与钢铁英雄王凤江（左二）等合影

东北野战军
第2纵队第5师第13团1营1连荣获的"先锋连"奖旗

　　1948年义县战斗中，东北野战军第2纵队第5师配属第3纵队作战，与第3纵队第9师共同由义县城西南角突破。10月1日，我军对义县守敌发起总攻，第2纵队第5师第13团1营1连担任突破任务。在连长的带领下，搭人梯攀登城墙，打退了敌人的反扑，巩固和扩大了突破口，为团主力突入城内开辟了道路。随后又参加了巷战，俘虏国民党第93军暂编第20师第1团2营营长以下60余人，缴获迫击炮1门，枪支若干，全连荣记集体1大功。战后，第3纵队授予该连"先锋连"奖旗。奖旗由原部队保存，1959年4月入藏辽沈战役纪念馆。

【文物信息】
尺寸：纵130cm
　　　横68cm
质地：棉麻纤维
现状：基本完整
级别：国家三级文物

给 十三团一营一连

先锋连

三纵队政治部 司令部 赠

攻打义县的尖刀班战士，向国民党军防御级深广胜寺塔一带推进

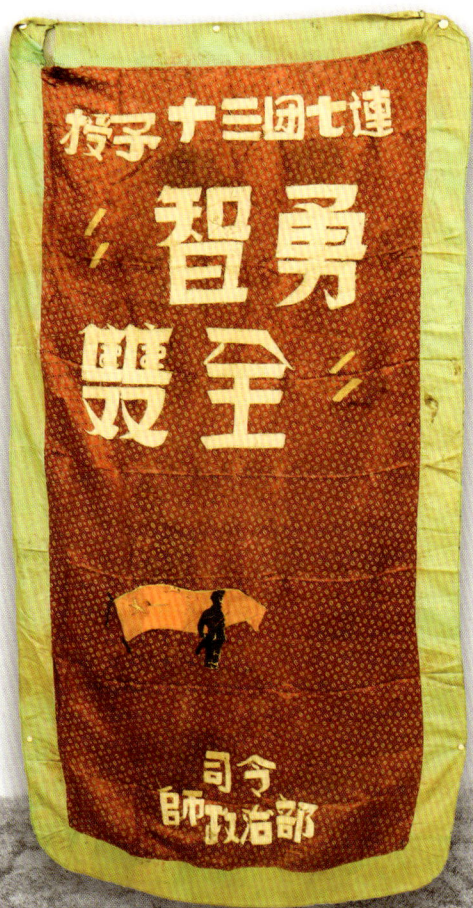

1948年10月1日，解放义县战斗中，东北野战军第2纵队第5师第13团7连在炮兵的掩护下，在不到半小时的时间里，连续排除了敌设置的7道障碍，机智灵活打退敌人多次冲锋，率先登上城墙，攻占了国民党军山炮阵地，缴获山炮13门。战后，第5师授予该连"智勇双全"奖旗。奖旗由原部队保存，1959年4月入藏辽沈战役纪念馆。

【文物信息】
尺寸：纵106cm 横76cm　　质地：棉麻纤维
现状：基本完整　　　　　　级别：国家二级文物

东北野战军
第2纵队第5师第13团7连荣获的
"智勇双全" 奖旗

1948年10月1日，东北野战军攻占义县，歼国民党军一个师1万余人
图为攻城部队打开突破口，冲入义县城内

东北野战军
第3纵队第8师第22团3连荣获的
"尖刀直入 三建奇功" 奖旗

1948年10月1日，解放义县战斗打响后，东北野战军第3纵队第8师第22团3连勇猛出击，仅用5分钟就占领了突破口，并直插纵深，英勇歼敌，停敌225人，荣立集体1大功。战后，8师授予3连"尖刀直入 三建奇功"奖旗。奖旗由原部队保存，1963年8月入藏辽沈战役纪念馆。

义县战斗，我军指挥员在战地研究敌情

【文物信息】
尺寸：纵110cm 横90cm
质地：棉麻纤维
现状：基本完整
级别：国家二级文物

东北野战军
第3纵队第9师第25团1营1连荣获的"义州突破连"奖旗

1948年10月1日，解放义县战斗中，东北野战军第3纵队第9师第25团1营1连担任主攻任务。总攻开始后，连续炸毁2道屏障，打开突破口，登上城墙，紧接着打退国民党军4次反扑，炸毁2个隐蔽暗堡和六、七个碉堡，为主力部队入城开辟了道路。战后荣获"义州突破连"奖旗。奖旗由原部队保存，1958年入藏辽沈战役纪念馆。

【文物信息】

尺寸：纵94cm

横75cm

质地：绸

现状：基本完整

级别：国家二级文物

1948年9月17日，我军某部师参谋在给突击队员讲解攻打义县的战术，动员打前所未有的大歼灭战

东北野战军

第3纵队第8师第22团9连荣获的 "军政两胜" 奖旗

1948年义县战斗中，东北野战军第3纵队第8师第22团9连担任迂回穿插包围任务。战斗打响，该连就在敌人"心脏"开了花，军事上打了大胜仗。又由于纪律严明，不拿群众一针一线，认真执行俘房政策，受到当地群众的欢迎。战后，第3纵队授予9连"军政两胜连"称号，第8师授予该连"军政两胜"奖旗。奖旗由原部队保存，1963年8月入藏辽沈战役纪念馆。

【文物信息】

尺寸：纵190cm 横86cm

质地：棉麻纤维

现状：上边、左边缺穗

级别：国家三级文物

在作战动员大会上，战士们争先恐后地表态：一定要为创造攻坚尖刀营而勇猛作战

锦北渗透战

1948年9月25日，锦州战役的锦北渗透战中，敌人在大量飞机、大炮、坦克掩护下，向坚守五姓屯的东北野战军第9纵队第25师第74团2连阵地发起猛攻。全体指战员发扬英勇顽强的作风，连续打垮敌人1个营以上兵力的12次冲锋，战至最后全连只剩20多人，所守的五姓屯阵地始终稳如泰山。战后荣获"守如泰山连"称号，并获"守如泰山"奖旗。奖旗由原部队保存，1957年6月入藏辽沈战役纪念馆。

（注：第74团辽沈战役后改编为第四野战军第407团）

【文物信息】
尺寸：纵114cm 横83cm
质地：缎
现状：完整
级别：国家二级文物

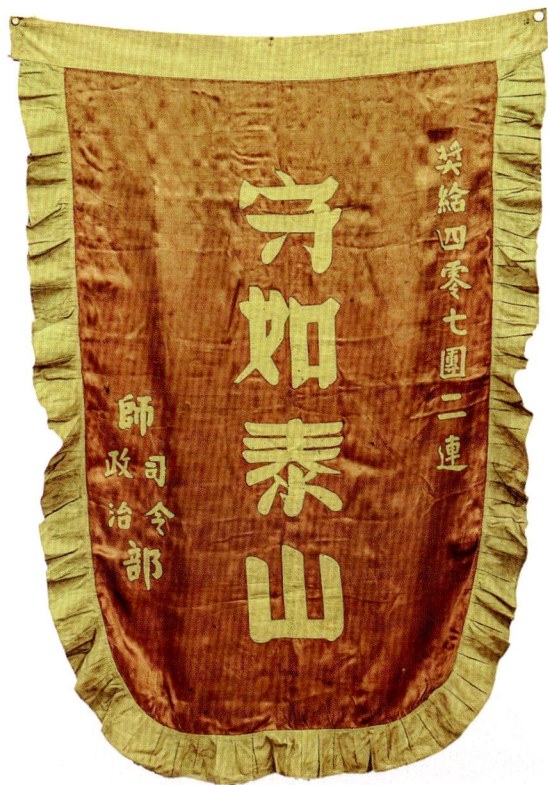

奖给四零七团二连

守如泰山

师司令部
政治部

东北野战军第9纵队第25师第74团2连荣获的 "守如泰山" 奖旗

东北野战军指战员背送炮弹，积极准备攻打锦州

锦州外围战

配水池战斗遗址　　摄影/马敏

东北野战军
第3纵队第7师第20团1营1连2排荣获的 "英雄的二排" 奖旗

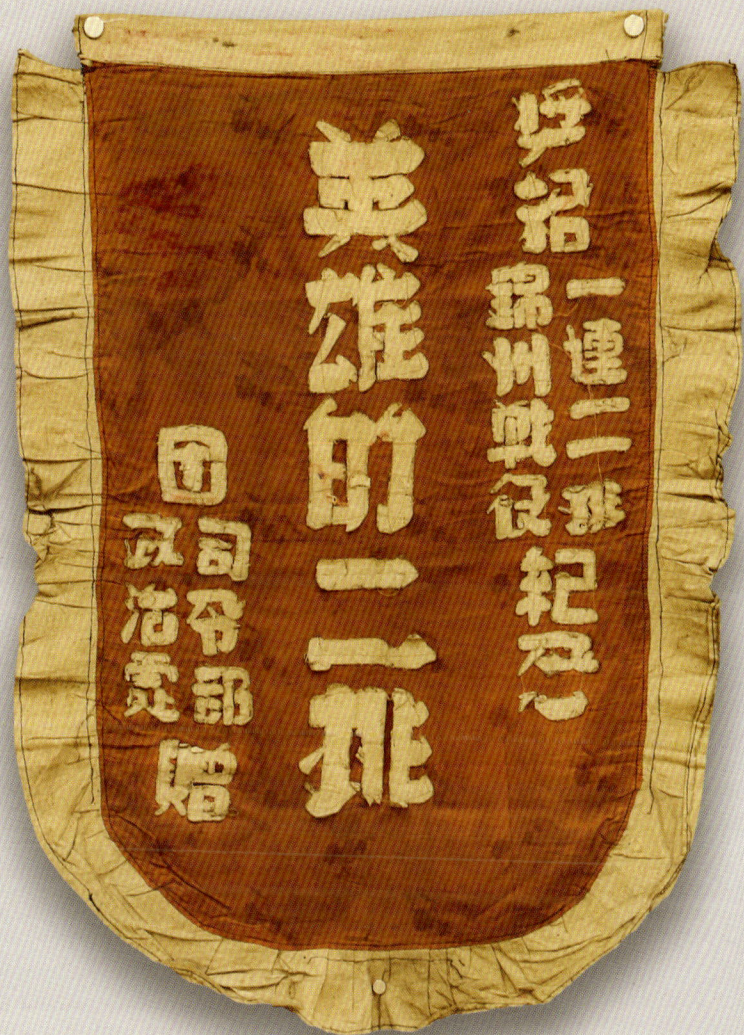

1948年10月12日，锦州外围战配水池战斗中，东北野战军第3纵队第7师第20团1营1连2排排长马孝臣率领全排独当一面，协同2连死打硬拼，打退敌人无数次兵力与火力的反击，直至胜利。战后，2排荣记集体2大功，第20团授予1连2排"英雄的二排"奖旗。奖旗由原部队保存，1963年7月入藏辽沈战役纪念馆。

奖旗文字：英雄的二排 一連二排锦州戦役紀念 团司令部政治処赠

配水池攻坚战斗经过要图
（1948.10.12）

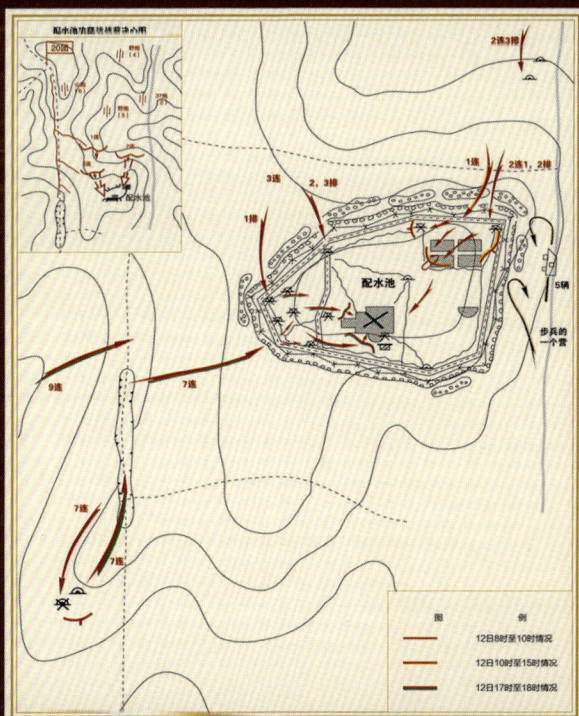

【文物信息】

尺寸：纵73cm 横53cm

质地：棉麻纤维

现状：基本完整

级别：国家三级文物

东北野战军

第3纵队第7师第20团1连6班荣获的
"反复争夺智勇双胜"奖旗

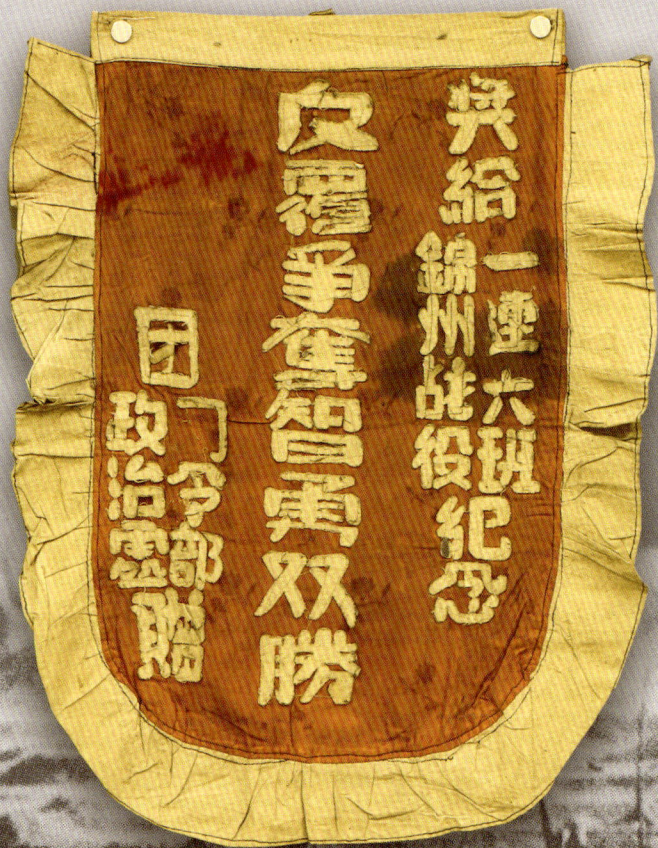

  1948年10月12日，在锦州外围战配水池战斗中，东北野战军第3纵队第7师第20团1连6班顽强坚守红房子阵地1天，打退国民党守军几十次反击。战士李长修腹部被炸穿，肠子流出来，他忍住剧痛将肠子塞回腹腔，端起机枪，跳到墙外，向围着红房子的敌群猛烈扫射，直至壮烈牺牲。代班长吴亚丁一人使用4种武器，身上6处负伤，肠子也流出来，但仍咬牙坚持守住了阵地。战后，第7师命名该班为"英雄班"，记集体3大功，第20团授予该班"反复争夺智勇双胜"奖旗。奖旗由原部队保存，1963年7月入藏辽沈战役纪念馆。

【文物信息】

尺寸：纵56cm 横48cm 质地：棉麻纤维

现状：基本完整   级别：国家二级文物

东北野战军

第3纵队第7师第20团1营2连荣获的

"大战凡尔登 英雄建奇功" 奖旗

奖给
中国一营英雄二连
攻锦大战配水池胜利纪念
师司令部
政治部
大战凡雨登
英雄建奇功

1948年10月12日，锦州外围战中，东北野战军第3纵队第7师第20团1营2连担负攻占锦北屏障配水池的任务。国民党守军派重兵把守，称这里是"第二凡尔登"。2连在炮火的支援下，经过10小时激战，先后击退国民党军30余次反扑，全歼守军1个营，攻占配水池。战后全连荣记2大功、1小功，荣获"大战凡尔登 英雄建奇功"奖旗。奖旗由原部队保存，1957年入藏辽沈战役纪念馆。

【文物信息】
尺寸：纵78cm 横48cm
质地：布
现状：完整
级别：国家二级文物

第3纵队第7师第20团1营营长
赵兴元

「第二凡爾登」的毁灭
——锦州外围主阵地配水池的争夺战 华山

配水池战斗遗址　摄影/梁丹丹

1948年10月12日，锦州外围战配水池战斗中，东北野战军第3纵队第7师第20团1营2连1班动作迅速，解决2个地堡、1个掩体，肩搭肩地爬过壕沟，剩下1人仍坚持战斗，胜利完成突破任务，保证了主力部队顺利突击。战后，第7师为该班记集体3大功，命名为"英雄班"并授予"突破配水池的第一班"奖旗。奖旗由原部队保存，1957年7月入藏辽沈战役纪念馆。

【文物信息】

尺寸：纵80cm 横55cm

质地：棉麻纤维

现状：基本完整

级别：国家二级文物

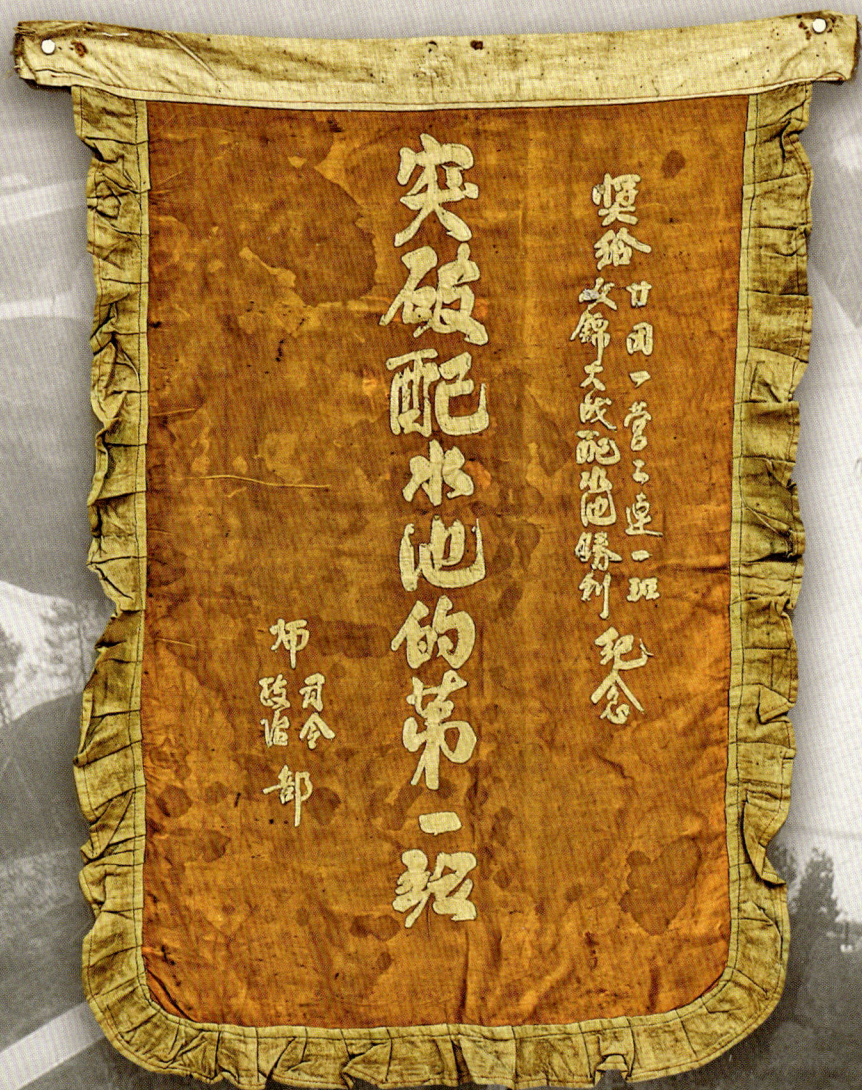

东北野战军
第3纵队第7师第20团1营2连1班荣获的
"突破配水池的第一班"奖旗

东北野战军

第3纵队第7师第21团炮兵2连荣获的

"锦州显神手 击毁装甲车" 奖旗

　　1948年10月12日，锦州外围战中，东北野战军第3纵队第7师第21团炮兵2连配合第20团夺取配水池阵地。敌人用装甲车掩护步兵向我军冲锋，炮兵2连4班在900米距离发弹2颗，击毁敌装甲车1辆；5班1弹命中，敌装甲车起火，敌人见势不好，掉头就跑，又被4班1弹击毁。战后，第7师授予第21团炮兵2连"锦州显神手 击毁装甲车"奖旗。奖旗由原部队保存，1978年12月入藏辽沈战役纪念馆。

【文物信息】
尺寸：纵89cm 横70cm   质地：棉麻纤维
现状：基本完整   级别：国家二级文物

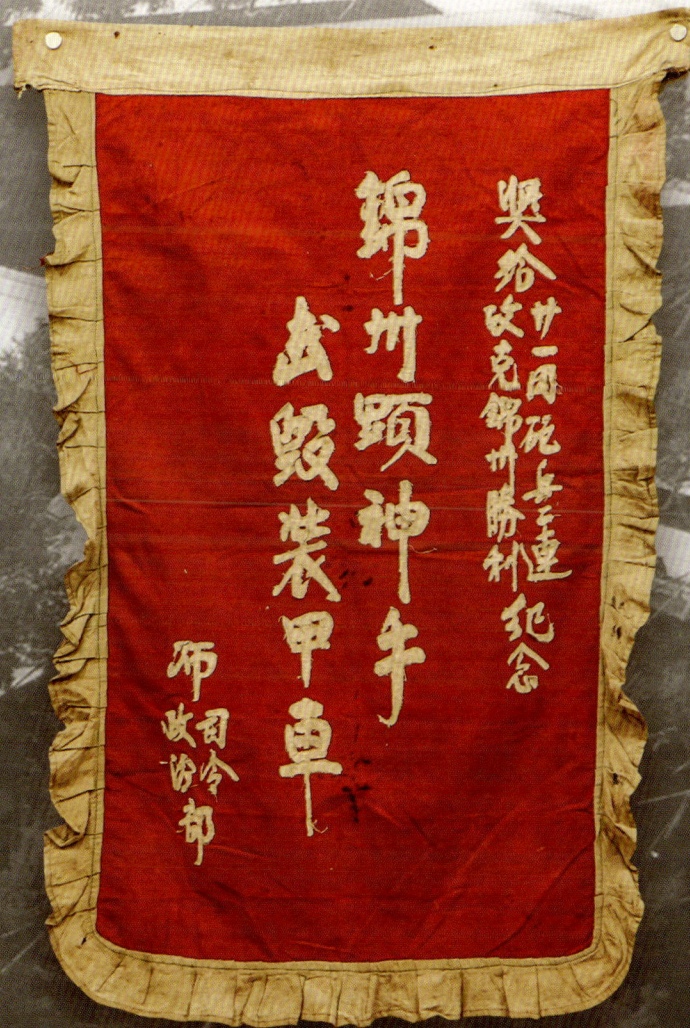

东北野战军
第2纵队第4师第12团7连荣获的"钢铁堡垒"奖旗

四师十二团七连

鋼鐵堡壘

縱隊政治部贈

【文物信息】

尺寸：纵152cm 横93cm

质地：绸

现状：边残破，"壘"字左侧有洞

级别：国家二级文物

1948年10月13日，锦州外围战斗中，东北野战军第2纵队第4师第12团7连担任主攻突破任务，突破口选在团管区（大红楼）附近，战斗打响后，在炮火的掩护下，一举突破锦州西北角城垣，炸掉敌人4个地堡、11个母堡、7个地堡群，全歼敌人1个加强连。在巷战中继续英勇杀敌，完成任务。战后，第4师授予该连"英雄连"称号，第2纵队授予"钢铁堡垒"奖旗。奖旗由原部队保存，1964年10月入藏辽沈战役纪念馆。

1948年10月13日，锦州外围战中，东北野战军第3纵队第8师第24团7连3排攻打锦州城北亮马山阵地。亮马山为锦北重要屏障，是国民党守军范汉杰部队固守待援的两道重要防线之一。战斗中，国民党守军凭借坚固的工事顽固死守，山顶的大母堡里20多挺机枪疯狂地吐着火舌。在这紧要关头，3排战士吴连义、王玉环、张成友组成爆破小组冲了上去，张成友中弹牺牲，吴连义冲上去，奋力将爆破筒插入母堡，用身体堵住枪眼，王玉环趁机迂回到母堡南侧，从后面捅进几根爆破筒，一举炸掉大母堡，将红旗插上亮马山。战后3排荣获"亮马山上打的硬"奖旗。奖旗由原部队保存，1957年入藏辽沈战役纪念馆。

【文物信息】

尺寸：纵95cm 横70cm 　质地：绸

现状：残破、字部分脱落 　级别：国家二级文物

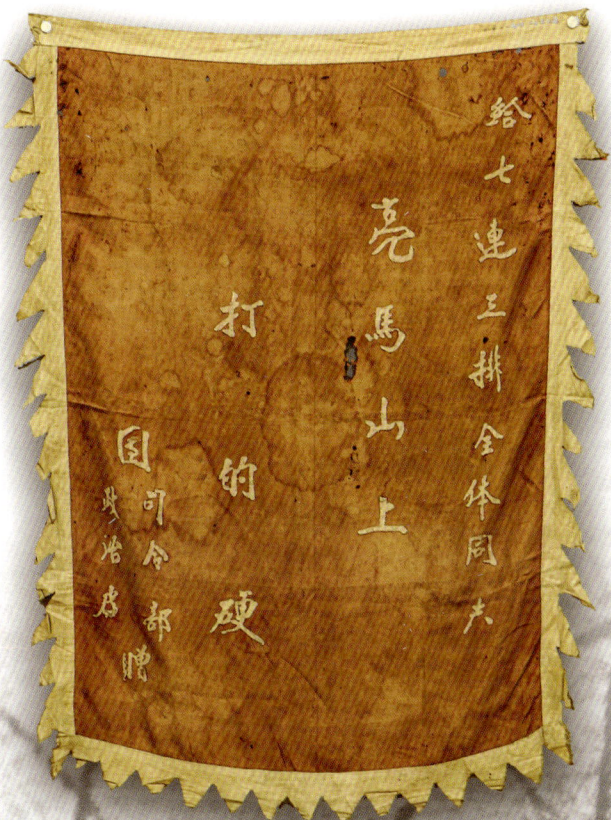

东北野战军
第3纵队第8师第24团7连3排荣获的
"亮马山上打的硬"奖旗

锦州攻坚战

"锦州攻坚战登城红旗"

这面红旗是东北野战军第3纵队第7师第19团1连于1948年10月14日在锦州攻坚战中插上锦州城墙的第一面登城红旗。

1948年10月14日10时，攻城开始。经45分钟猛烈炮击，城墙被轰开缺口。第19团1营1连1排排长李世贵带领突击排，冒着敌封锁火网，仅用14分钟便越过300余米宽的开阔地，冲到城墙下。刚接近突破口，便遇到敌三面火力的袭击。战士傅开昌第一个冲进了城墙缺口，旗手黄德福也在子弹纷飞中跃上城墙，把红旗牢牢地插到墙头上。国民党守军倾其全部火力封锁突破口，把红旗打得满是枪眼，但黄德福仍顽强地扶住旗杆，红旗迎风招展，指引突击部队冲入突破口。战后，1连荣获"锦州尖刀连"称号。该旗由原部队保存，1957年入藏辽沈战役纪念馆。

【文物信息】

尺寸：纵86cm 横104cm

质地：布

现状：褪色、旗面有洞

级别：国家一级文物

李世贵

《前卫报》关于登城插旗
事迹的报道

1948年10月，锦州战役中，东北野战军第2纵队第4师第12团7连扫清外围据点"团管区"后，又担任突破锦州尖刀连任务。他们奋不顾身，积极勇敢，胜利地完成了任务。战后，第4师命名该连为"英雄连"，并授予"英雄连"奖旗。奖旗由原部队保存，1964年入藏辽沈战役纪念馆。

【文物信息】尺寸：纵80cm 横360cm 质地：棉麻纤维
现状：旗面有洞 级别：国家三级文物

东北野战军
第2纵队第4师第12团7连荣获的 "英雄连" 奖旗

东北野战军
第2纵队第5师第14团1连荣获的"锦州突破连"奖旗

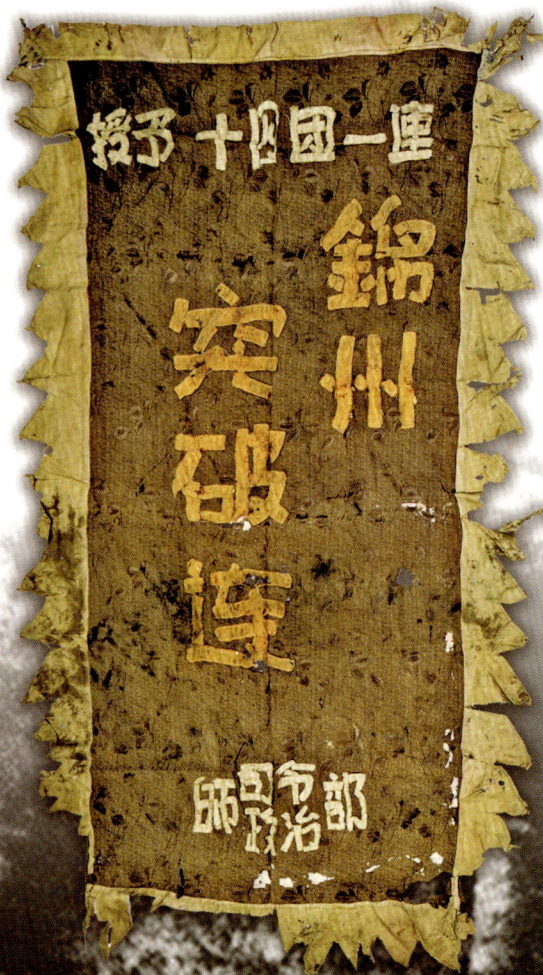

1948年10月14日，锦州攻坚战中，东北野战军第2纵队第5师第14团1连担任锦州城西北角第1梯队尖刀连。总攻开始后，该连袭破了5道障碍，炸开通道，架起木梯爬上城墙，把红旗插上城头，并迅速向纵深发展，扩大突破口，顽强击退敌人的反冲锋，保证了师团主力顺利向纵深扩大战果。战后，第5师授予该连"锦州突破连"称号，并授予"锦州突破连"奖旗。奖旗由原部队保存，1963年7月入藏辽沈战役纪念馆。

【文物信息】
尺寸：纵127cm 横68cm　　质地：棉麻纤维
现状：残破　　　　　　　　级别：国家二级文物

战士们爬过城墙突破口，冲进锦州市区

攻城部队在强大炮火掩护下，冲向锦州城

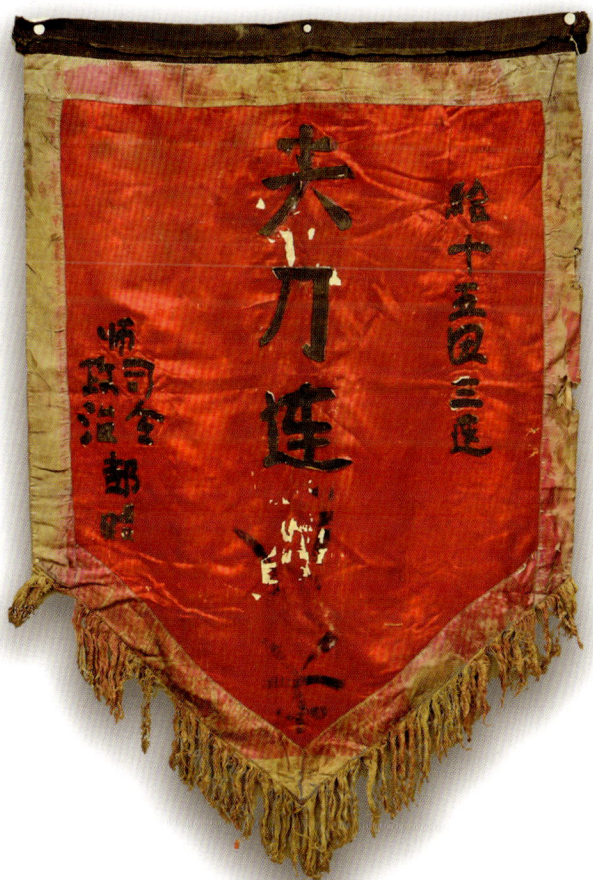

东北野战军
第2纵队第5师第15团3连荣获的
"尖刀连"奖旗

1948年10月，锦州攻坚战中，东北野战军第2纵队第5师第15团3连担任尖刀连，在连长王南分、指导员韩辉率领下，经过连续艰苦激烈的顽强战斗，出色地完成了任务，俘敌700余人。战后，第5师授予第15团3连"尖刀连"奖旗。奖旗由原部队保存，1963年7月入藏辽沈战役纪念馆。

【文物信息】
尺寸：纵116cm 横76cm
质地：棉麻纤维
现状：残破
级别：国家三级文物

锦州连

授给十五团三连

师政治部 赠
司令部
"师"

【文物信息】
尺寸：纵120cm 横86cm
质地：棉麻纤维
现状：基本完整
级别：国家二级文物

东北野战军
第2纵队第5师第15团3连荣获的 "锦州连" 奖旗

1948年10月，锦州攻坚战中，东北野战军第2纵队第5师第15团3连担任尖刀连，战斗中全体人员英勇杀敌，出色地完成了任务，俘敌700余人，被师命名为"锦州连"，并授予"锦州连"奖旗。奖旗由原部队保存，1958年8月入藏辽沈战役纪念馆。

东北野战军
第2纵队第5师第15团9连荣获的
"爆破模范"奖旗

1948年10月，锦州攻坚战中，东北野战军第2纵队第5师第15团9连为主攻营的爆破连，攻城中全连冒敌炮火，克服了重重困难，扫清突破口处敌设置的全部雷区，炸毁敌前沿的城壕及一切障碍，保证了部队顺利突破。战后，第15团授予该连"爆破模范"奖旗。奖旗由原部队保存，1958年8月入藏辽沈战役纪念馆。

【文物信息】
尺寸：纵87cm 横68cm
质地：棉麻纤维
现状：边残
级别：国家三级文物

东北野战军
第2纵队第6师第17团1连荣获的
"摧毁敌阵"奖旗

1948年10月14日，锦州攻坚战中，东北野战军第2纵队第6师第17团1连在巷战中大胆穿插，侧翼攻击，周密组织，重量爆破，接连攻占伪市公署和税务局大楼，毙敌260余人，缴获装甲车6辆、汽车12辆。战后，纵队授予1连"摧毁敌阵"奖旗。奖旗由原部队保存，1980年6月入藏辽沈战役纪念馆。

【文物信息】
尺寸：纵111cm 横68cm
质地：棉麻纤维
现状：基本完整
级别：国家二级文物

我军占领国民党锦州市政府

奖给三五〇团一连

锐如尖刀

师司令部赠
政治部

东北野战军

第2纵队第6师第17团1连荣获的
"锐如尖刀"奖旗

1948年10月14日，锦州攻坚战中，东北野战军第2纵队第6师第17团1连大胆穿插，侧翼攻击，周密组织，重量爆破，接连攻占伪市公署和税务局大楼，毙敌260余人，缴获装甲车6辆、汽车12辆。战后，第6师授予1连"锐如尖刀"奖旗。奖旗由原部队保存，1979年9月入藏辽沈战役纪念馆。

（注：第17团辽沈战役后改编为第四野战军第350团）

【文物信息】

尺寸：纵79cm 横68cm

质地：棉麻纤维

现状：残破

级别：国家三级文物

奖给十九团一营一连攻克锦州胜利纪念

尖刀連

师政治部

1948年10月14日，东北野战军第3纵队第7师第19团1营1连在锦州攻坚战中担任尖刀任务，战斗打响后，仅用14分钟通过300米开阔地，冲上突破口，为部队前进扫清了障碍。战后，荣获"尖刀连"称号。奖旗由原部队保存，1957年7月入藏辽沈战役纪念馆。

【文物信息】

尺寸：纵78cm 横110cm　　质地：布

现状：基本完整　　　　　　级别：国家二级文物

东北野战军
第3纵队第7师第19团1营1连荣获的"**尖刀连**"奖旗

东北野战军采用穿插分割、迂回包围等战术围歼国民党军

1948年10月14日，在锦州攻坚战攻打原伪锦州省公署大楼战斗中，东北野战军第3纵队第7师第19团8连2排在指导员翟文清率领下，勇猛冲击。排长王登三端着机枪向敌人扫射，打垮了敌人3次反击。于瑞林在机枪手万英俊掩护下完成了炸毁敌人坚固地堡的任务，为攻打原伪锦州省公署大楼和部队冲锋扫清了道路。战后，第19团奖给8连2排"顽强攻下省政府"奖旗。奖旗由原部队保存，1957年7月入藏辽沈战役纪念馆。

【文物信息】

尺寸：纵68cm 横53cm

质地：棉麻纤维

现状：基本完整

级别：国家三级文物

原伪锦州省公署大楼

东北野战军
第3纵队第7师第19团8连2排荣获的
"顽强攻下省政府"奖旗

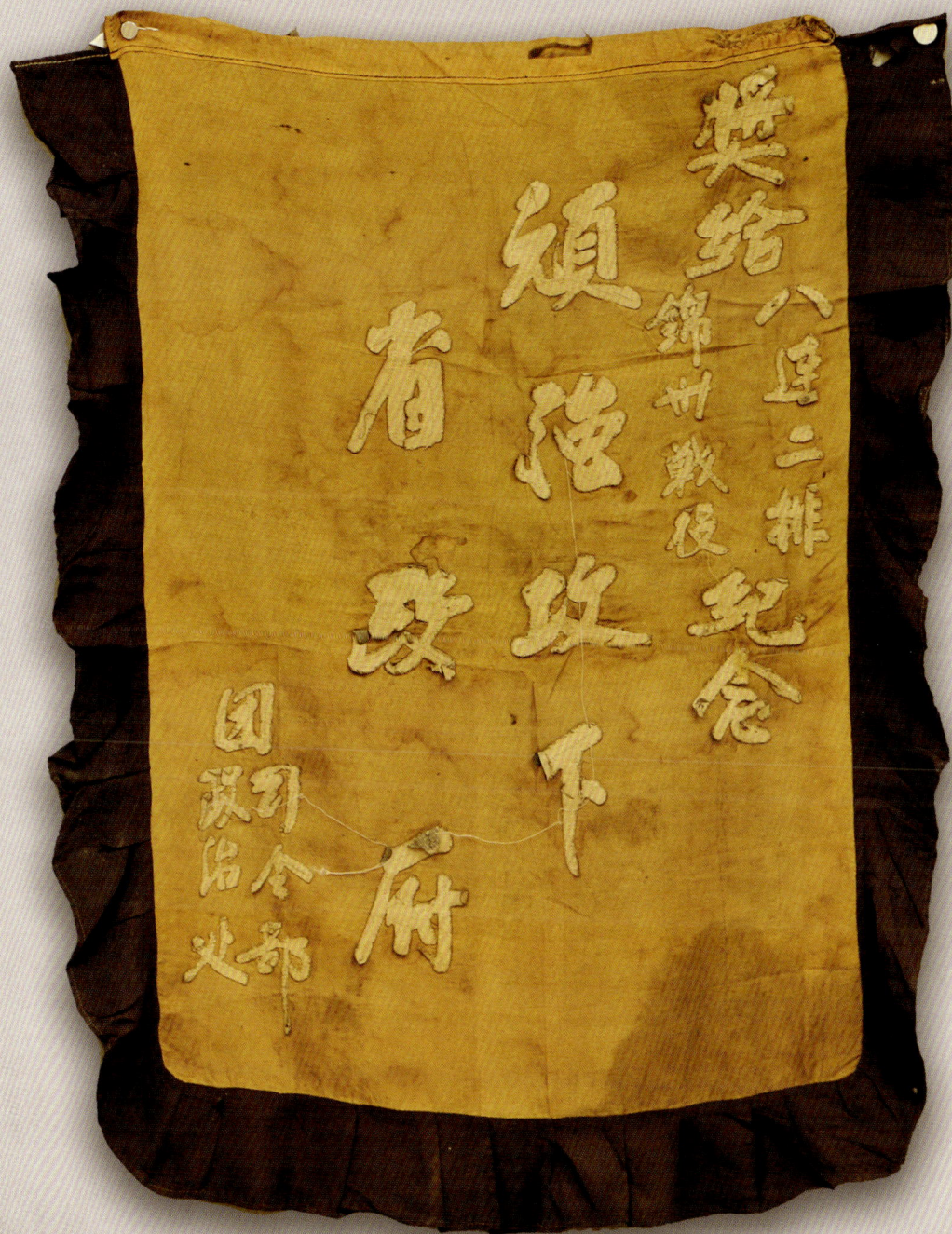

勇敢迅速

送给廿六团之官

师政治部
司令部

【文物信息】
尺寸：纵110cm 横95cm
质地：棉麻纤维
现状：基本完整
级别：国家二级文物

东北野战军
第3纵队第9师第26团3营荣获的 "勇敢迅速" 奖旗

1948年10月14日，锦州攻坚战中，东北野战军第3纵队第9师第26团3营担任尖刀任务。全营打得勇敢，插得迅速，副营长带领8连攻占省政府大楼，他们在连续爆破敌四五个地堡，消灭敌人1个连后，又向铁路中学方向进攻，爆破敌地堡五六个，消灭敌人1个营部。随后在兄弟部队的配合下，围歼了敌人1个团司令部。战后，第9师授予该营"勇敢迅速"奖旗。奖旗由原部队保存，1958年12月入藏辽沈战役纪念馆。

辽沈战役纪念馆《攻克锦州》全景画（局部）

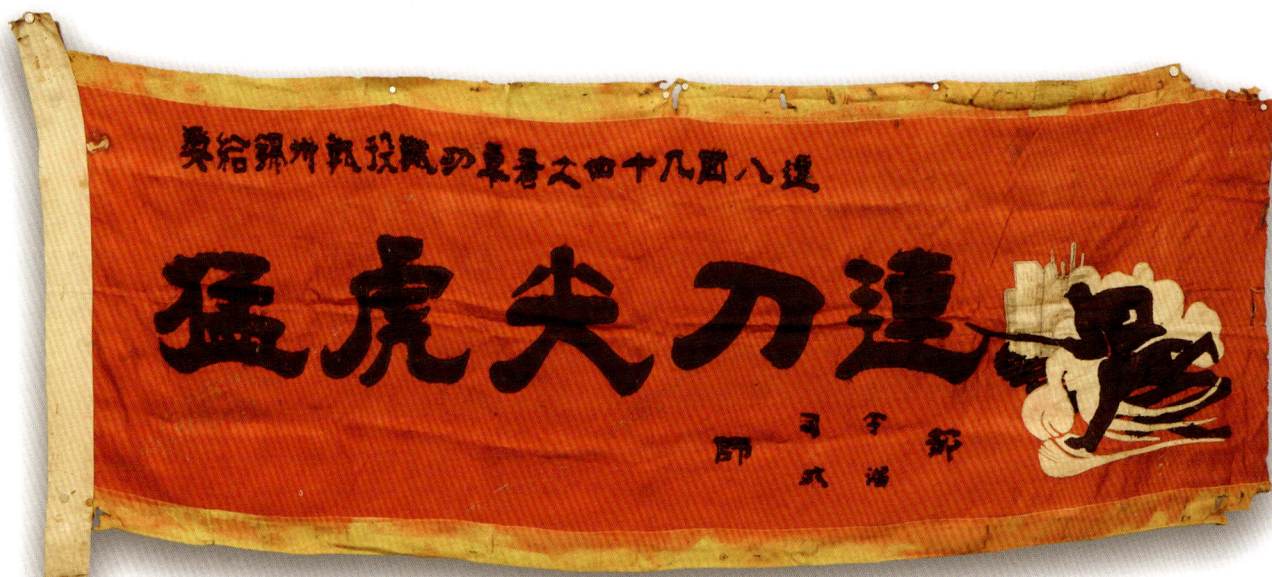

【文物信息】
尺寸：纵75cm
　　　横206cm
质地：绸
现状：边残
级别：国家二级文物

东北野战军
第6纵队第17师第49团8连荣获的"猛虎尖刀连"奖旗

　　1948年10月14日下午，东北野战军第6纵队第17师第49团从石桥子全部攀墙入城，被阻于锦州铁路局材料厂。8连作为尖刀连迅速向铁路局以东工人宿舍方向发展，占领敌地堡群，歼敌1个连，乘胜占领了铁路局大楼。敌疯狂反扑，战斗异常激烈，战士们像猛虎下山一样扑向敌人，展开白刃格斗，将敌消灭在铁道上。尔后，全连一鼓作气继续南插，连夺30个碉堡、10余幢大楼，歼敌3个连，横跨25道铁轨，控制了铁道以南500余米的走廊，为团主力打开了前进的通道，成功地创造了向敌攻击、打敌反击、跟踪追击相结合的战例。战后荣获"猛龙尖刀连"奖旗。奖旗由原部队保存，1959年入藏辽沈战役纪念馆。

原伪满锦州铁路局大楼

我军突破城垣防线，向锦州城内发起攻击

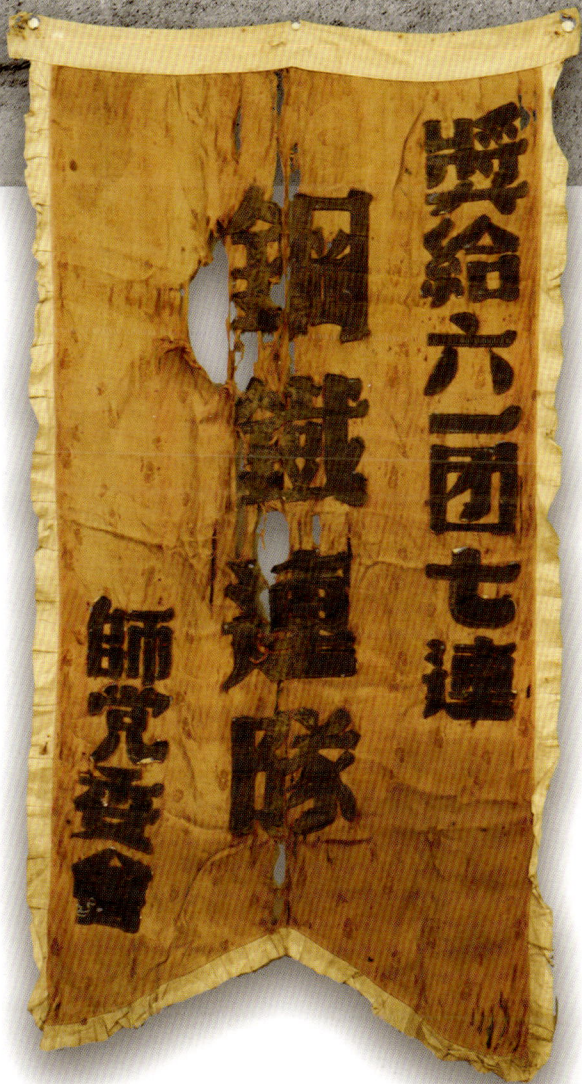

奖给六二团七连

钢铁连队

师党委会

东北野战军
第7纵队第21师第61团7连荣获的
"钢铁连队" 奖旗

　　1948年10月14日，锦州攻坚战中，东北野战军第7纵队第21师第61团7连担任城南突破任务。他们抓住有利时机发起冲锋，仅用25分钟就占领了突破口，将敌人堵在地堡里歼灭。然后迅速向纵深发展，扩大战果，为后续部队打开通道。战后荣获此旗。奖旗由原部队保存，1959年4月入藏辽沈战役纪念馆。

【文物信息】
尺寸：纵130cm 横70cm
质地：绸
现状：严重残破
级别：国家二级文物

锦州古城南门外估衣街。现为南京路黑马大厦以西的街区

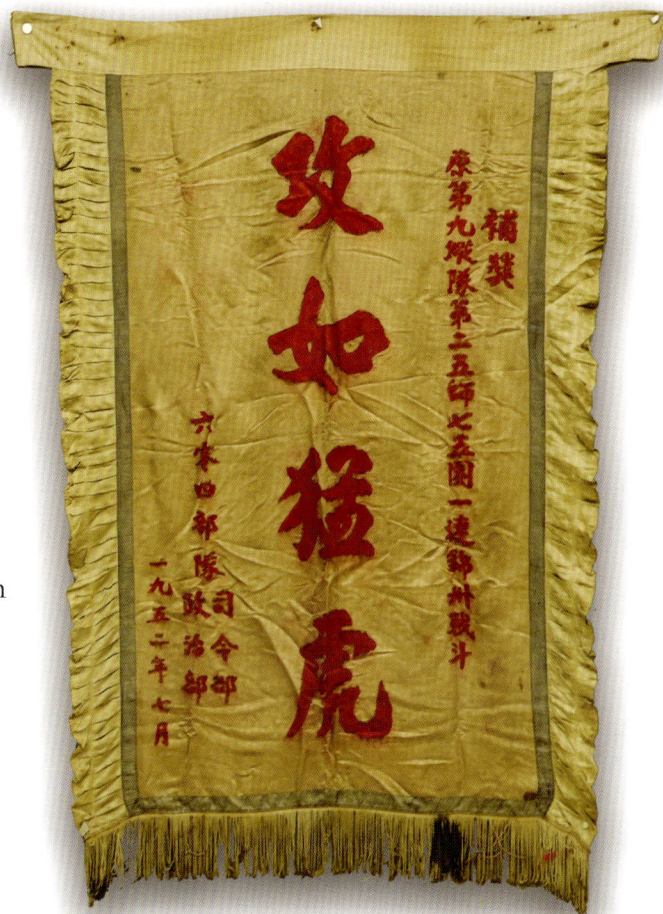

【文物信息】

尺寸：纵120cm 横100cm

质地：棉麻纤维

现状：基本完整

级别：国家三级文物

中共中央委員會
賀錦州大捷電

林彪、羅榮桓、高崗、陳雲諸同志幷
轉東北人民解放軍全體同志們：

慶祝你們此次殲敵十萬、解放錦州
的偉大勝利。這一勝利出現於你們今年
秋季攻勢的開始階段，新的勝利必將繼
續到來。望你們繼續努力，爲全殲東北蔣
匪軍隊、完全解放東北人民而戰。

中國共產黨中央委員會
一九四八年十月十七日

东北野战军
第9纵队第25师第75团1连荣获的

"攻如猛虎"奖旗

　　1948年10月14日，锦州攻坚战中，东北野战军第9纵队第25师第75团担任由城南突破的主攻团，1连是尖刀连。上午11时，总攻开始后，经过5分钟的炮火急袭，突破口被打开，1连趁势发起冲击，涉过小凌河，不到10分钟就占领了突破口，并打退了敌人多次反扑，为后续部队扫清了前进的障碍。战后，第9纵队授予第25师第75团1连"攻如猛虎"奖旗。奖旗由原部队保存，1963年7月入藏辽沈战役纪念馆。

塔山阻击战

油画：《塔山阻击战》

东北人民解放军
第4纵队第10师第28团2连荣获的
"稳如泰山"奖旗

1948年10月，塔山阻击战中，东北人民解放军第4纵队第10师第28团2连坚守铁路桥头阵地。他们英勇奋战，连续击退国民党军4个营10余次攻击，杀伤国民党军300余人，最后只剩下七八个人，仍坚守阵地。战后荣获"稳如泰山"奖旗。奖旗由原部队保存，1958年12月入藏辽沈战役纪念馆。

【文物信息】
尺寸：纵155cm 横87cm
质地：绸
现状：基本完整
级别：国家二级文物

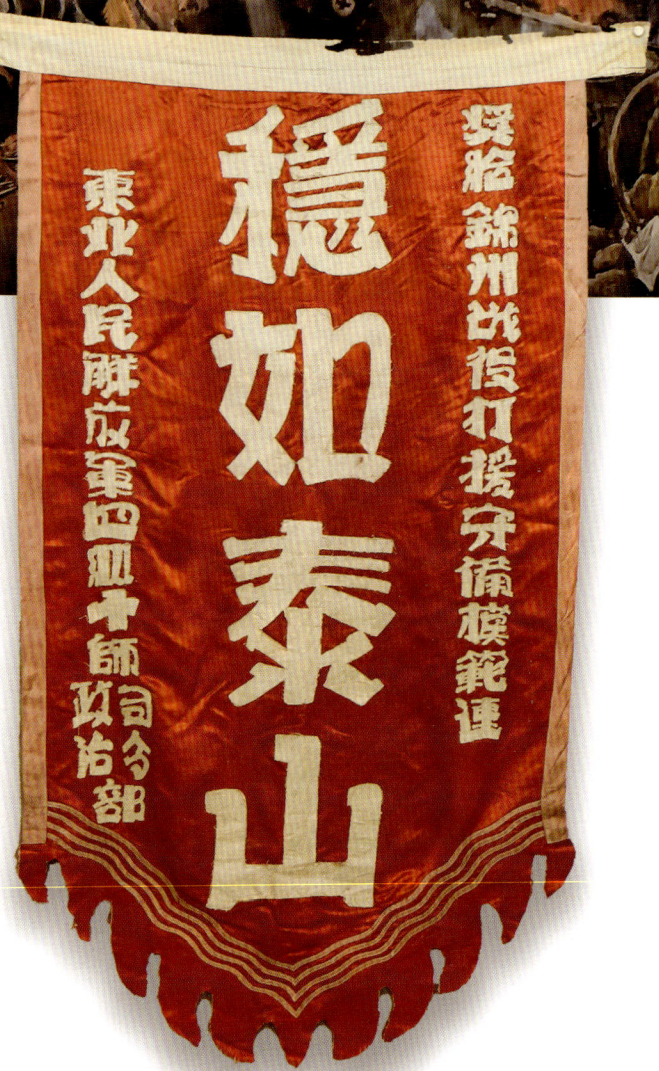

东北野战军
第4纵队第10师第28团5连荣获的 "英勇顽强" 奖旗

　　1948年10月，塔山阻击战中，东北野战军第4纵队第10师第28团5连奉命收复铁路线上的桥头阵地。在连长孟庆洵的率领下，他们冒着炮火前仆后继冲杀，与超我数倍兵力火力的敌人反复争夺阵地8次，虽然伤亡较大，全连仍英勇作战，最后，在兄弟部队的配合下击退敌人，完成了任务。战后，第10师传令嘉奖，给该连记集体功1次，并授予"英勇顽强"奖旗。奖旗由原部队保存，1958年12月入藏辽沈战役纪念馆。

【文物信息】

尺寸：纵148cm 横90cm

质地：棉麻纤维

现状：基本完整

级别：国家二级文物

奖给锦西打援集体建功的英伦连

英勇顽强

东北野战军四纵十师政治部

1948年10月10日，国民党军进攻塔山，东北野战军阻援部队以坚守和反冲击的战法打退国民党军数十次冲击，阵地屹然未动。图为阵地一角

东北野战军

第4纵队第12师第34团1连荣获的
"打的英勇 守的顽强"奖旗

1948年10月11日，国民党军集中炮火对东北野战军第4纵队第12师第34团塔山阵地发起猛烈进攻。在30余门野榴炮、2艘军舰舰炮和5架飞机半个小时的轮番轰炸下，国民党军投炸弹约2000枚，将前沿大部分工事摧毁。随后，又以1个营的兵力向1连阵地发起攻击。第34团1连虽伤亡严重，仍然坚守阵地，英勇反击，最终打退了国民党军。战后荣获"打的英勇 守的顽强"奖旗。奖旗由原部队保存，1965年入藏辽沈战役纪念馆。

【文物信息】

尺寸：纵73cm 横112cm 质地：绸

现状：残 级别：国家二级文物

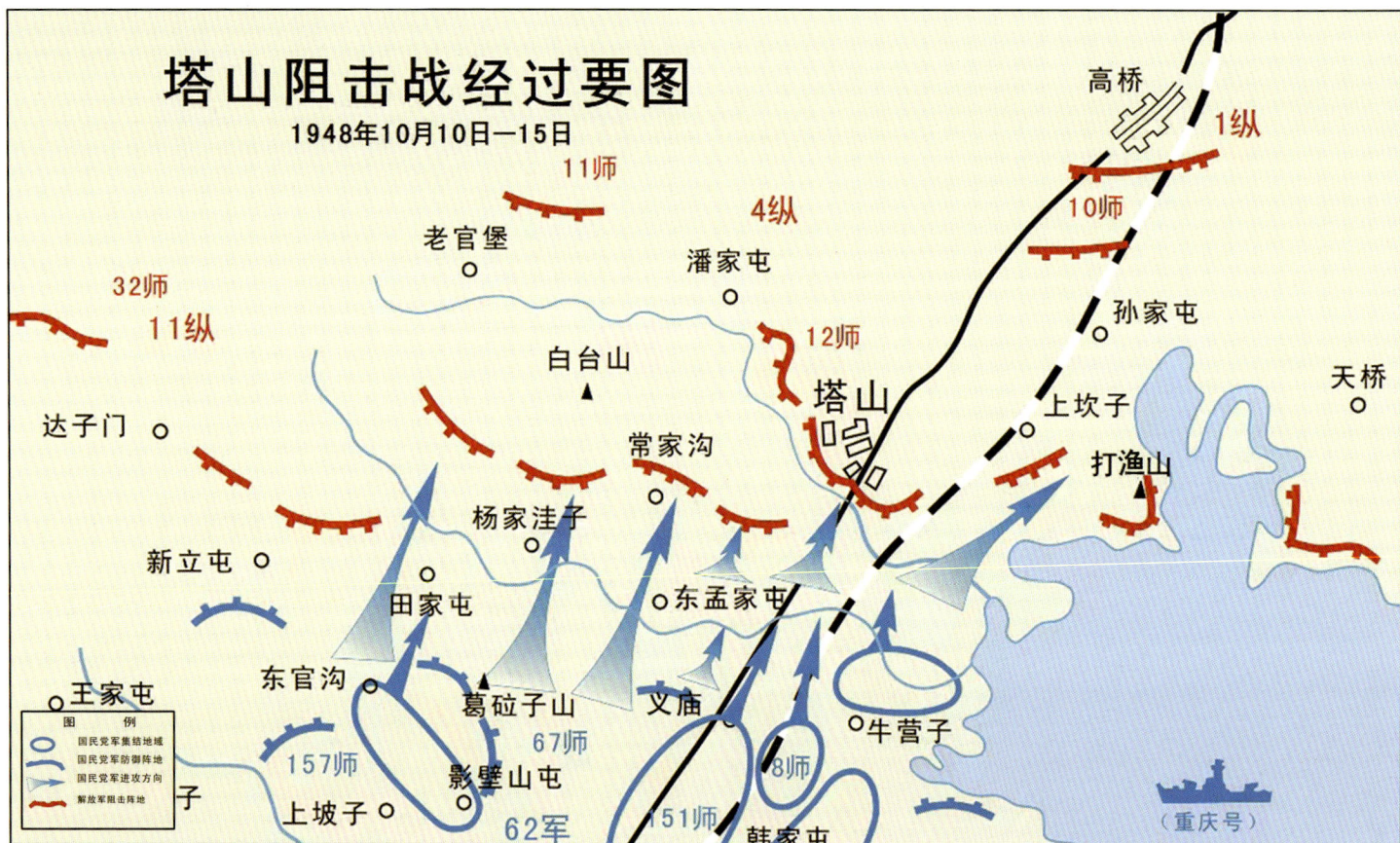

塔山阻击战经过要图
1948年10月10日—15日

第34团副团长江雪山在塔山阵地下达上级的战斗命令，要求坚守阵地，保证友军攻下锦州

东北人民解放军

第4纵队第12师第34团5连荣获的

"坚守如泰山"奖旗

【文物信息】

尺寸：纵80cm 横113cm　　质地：棉麻纤维

现状：基本完整　　　　　　级别：国家二级文物

1948年10月，塔山阻击战中，东北人民解放军第4纵队第12师第34团5连打得顽强，守得坚决，与敌人奋战六昼夜，打退敌人多次进攻，坚守阵地，出色地完成了阻击任务。战后被评为"战斗模范连"，第12师授予5连"坚守如泰山"奖旗。奖旗由原部队保存，1979年12月入藏辽沈战役纪念馆。

东北人民解放军
第4纵队第12师第35团5连荣获的
"英勇善战"奖旗

1948年10月，塔山阻击战中，东北人民解放军第4纵队第12师第35团5连协助4连守备塔山铁路4号阵地。他们顽强阻击，勇猛反击，经过反复争夺，多次反冲锋，大量杀伤敌人，使得敌人不能前进一步，保住了阵地，完成了任务。战后，第4纵队授予5连"英勇善战"奖旗。奖旗由原部队保存，1965年12月入藏辽沈战役纪念馆。

【文物信息】
尺寸：纵140cm 横160cm 质地：棉麻纤维
现状：基本完整 级别：国家二级文物

塔山阻击战中的我军阻击阵地

广大指战员在阵地前宣誓

东北人民解放军

第4纵队第12师第34团7连荣获的

"英勇善战"奖旗

1948年10月10日，塔山阻击战中，东北人民解放军第4纵队第12师第34团7连坚守在铁路桥1号阵地。7连英勇善战，奋力杀敌，特别是2排在仅剩13人，其中又有11人负伤的情况下，仍坚守阵地，顽强阻击，使敌人寸步未进。战后，7连被命名为"守备模范连"，第4纵队授予7连"英勇善战"奖旗。奖旗由原部队保存，1979年12月入藏辽沈战役纪念馆。

【文物信息】

尺寸：纵97cm 横65cm　　质地：棉麻纤维

现状：基本完整　　　　　级别：国家二级文物

东北野战军阻援部队，经过六昼夜鏖战，歼国民党军6000余人，取得了塔山阻击战的胜利。图为第4纵队首长和毛泽东奖章获得者合影

东北野战军
第4纵队第12师第36团6连荣获的
"反击敌人如猛虎"奖旗

【文物信息】

尺寸：纵77cm 横157cm　　质地：缎

现状：边残　　　　　　　　级别：国家二级文物

1948年10月，塔山阻击战中，东北野战军第4纵队第12师第36团2营守备白台山阵地，敌人用炮火轰炸了3个小时后，派2个连向4连守备的7号阵地发起集团冲锋，并占领了4连阵地。6连在连长史登林的率领下，英勇反攻，不到20分钟便夺回了4连失去的阵地。战后荣获"反击敌人如猛虎"奖旗。奖旗由原部队保存，1965年12月入藏辽沈战役纪念馆。

黑 山 阻 击 战

第10纵队第28师第82团1连荣获的
"战斗模范连"奖旗

奖给八二团一连

戰鬥模範連

十縱隊政治部

1948.10

　　1948年10月，黑山阻击战中，东北野战军第10纵队第28师第82团1连2次担任争夺"101"高地的反冲击任务。全连指战员灵活巧妙地避开国民党军的机枪火力，登上"101"高地山腰，展开连续爆破与短兵相接，全歼国民党军，夺回阵地，将红旗插上"101"高地，为坚守黑山、大虎山一线阵地，保证主力回师聚歼廖耀湘兵团做出了贡献。战后荣获纵队嘉奖，被命名为"战斗模范连"，获得此旗。奖旗由原部队保存，1979年8月入藏辽沈战役纪念馆。

【文物信息】
尺寸：纵110cm 横85cm　　质地：绸
现状：旗裤破损、边残　　级别：国家一级文物

1948年10月21日，廖耀湘兵团由新立屯等地南下，向黑山、大虎山阵地发起攻击。
图为东北野战军坚守阵地，顽强阻击国民党军

东北野战军
第10纵队第28师第82团1连3排荣获的
"顽强坚守 勇猛反击"奖旗

1948年10月，黑山阻击战中，东北野战军第10纵队第28师第82团1连3排于"101"高地阻击敌人，他们以"人在阵地在"的决心，顽强坚守，勇猛反击，打垮了敌人一次又一次的冲锋，完成了阻击任务。战后，第28师授予第82团1连3排"顽强坚守 勇猛反击"奖旗。奖旗由原部队保存，1979年8月入藏辽沈战役纪念馆。

（注：第82团辽沈战役后改编为第四野战军第415团）

【文物信息】
尺寸：纵107cm 横69cm
质地：棉麻纤维
现状：基本完整
级别：国家二级文物

炮击向黑山一线进攻的国民党军

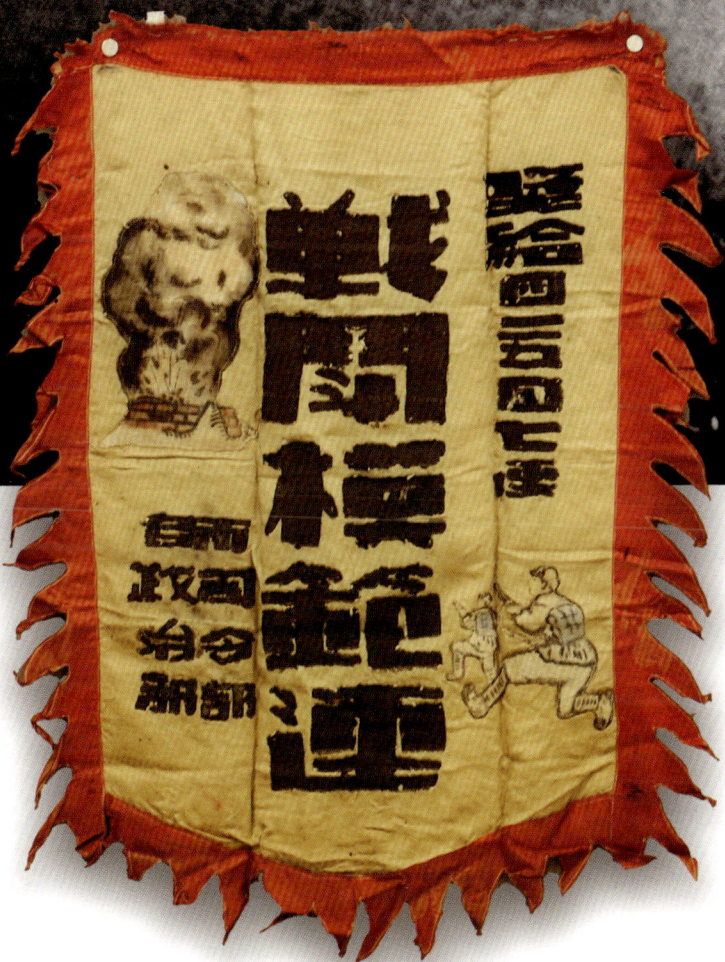

东北野战军
第10纵队第28师第82团7连荣获的
"战斗模范连" 奖旗

1948年10月，黑山阻击战中，东北野战军第10纵队第28师第82团7连坚守尖山子阵地，1个连阻击敌人2个连的多次进攻，与敌激战1天，坚守住了阵地，完成了阻击任务，创造了阻击战以少胜多的范例。战后，第28师授予7连"战斗模范连"奖旗。奖旗由原部队保存，1966年1月入藏辽沈战役纪念馆。

（注：第82团辽沈战役后改编为第四野战军第415团）

【文物信息】

尺寸：纵78cm 横65cm　　质地：棉麻纤维

现状：基本完整　　　　　级别：国家二级文物

辽西围歼战

东北野战军在胡家窝棚缴获的100多辆汽车

东北野战军
第3纵队第7师第21团3营荣获的
"击中要核"奖旗

    1948年10月，东北野战军攻克锦州后迅速发起辽西围歼战。第3纵队第7师第21团3营奉命抢占胡家窝棚。10月26日凌晨，3营冲进黑山胡家窝棚，主攻西边山坡。看见山下有7间大瓦房上天线林立，断定此处必有"大鱼"，于是居高临下，猛扔手榴弹，炸毁了廖耀湘兵团的通信器材，廖兵团顿时陷入混乱状态。在与廖耀湘警卫部队的惨烈交战中，3营指战员几乎全部牺牲。与此同时，第7师第19团、第20团沿胡家窝棚以南投入战斗，插入纵深。各部协同作战，将廖耀湘西进兵团指挥所一举摧毁。战后，3营荣获"击中要核"奖旗。奖旗由原部队保存，1978年12月入藏辽沈战役纪念馆。

【文物信息】
尺寸：纵100cm 横65cm
质地：缎
现状：残破，旗面有洞
级别：国家一级文物

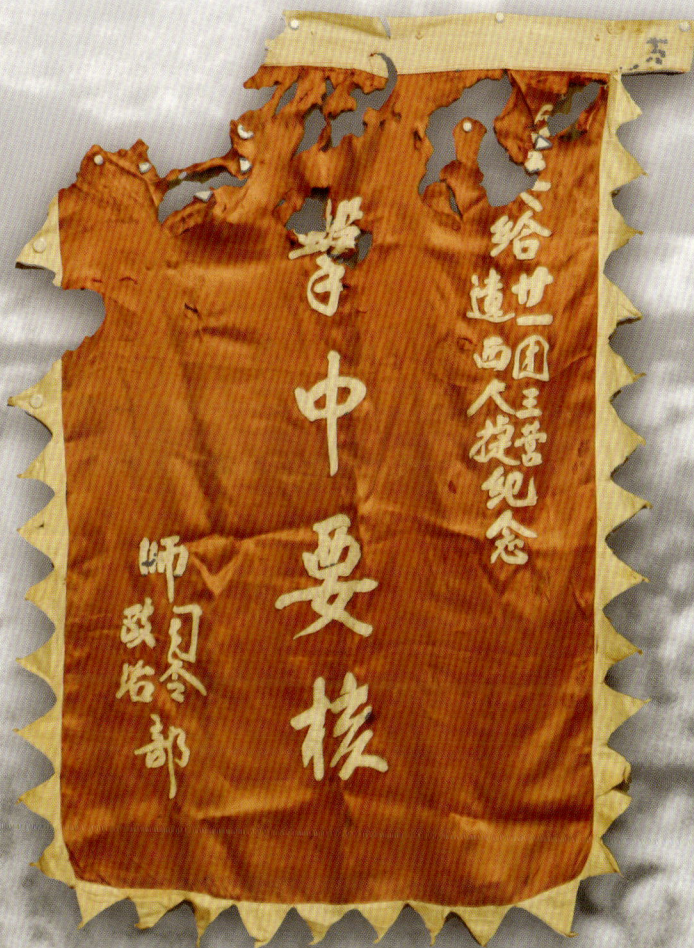

东北野战军攻占国民党军西进兵团指挥部——胡家窝棚

东北野战军
第6纵队第16师第46团2连荣获的 "钢铁连" 奖旗

特命名
三七九团二连为
鋼 铁 連
师 司令部
政治部

1948年10月，辽西围歼战中，东北野战军第6纵队奉命阻击廖耀湘兵团向沈阳、营口逃跑。26日，第46团尖刀2连在黑山厉家车站南侧的姚家窝棚与廖耀湘兵团新3军第14师的1个营遭遇。为了迅速抢占要点，争夺依托阵地，尖刀2连随即插入敌群反复冲杀，在三面受敌的情况下，寸土不让，视死如归，全部壮烈牺牲。战后，该连被命名为"钢铁连"，第16师授予"钢铁连"奖旗。奖旗由原部队保存，1979年12月入藏辽沈战役纪念馆。

（注：第46团辽沈战役后改编为第四野战军第379团）

【文物信息】
尺寸：纵78cm 横116cm 质地：棉麻纤维
现状：边残，旗面有洞 级别：国家二级文物

东北野战军攻锦部队回师辽西，在黑山、北镇、大虎山一带痛歼廖耀湘兵团

我军追歼国民党廖耀湘兵团

东北野战军
第6纵队第16师第47团1连荣获的
"英勇连"奖旗

　　1948年10月，辽西围歼战厉家窝棚战斗中，东北野战军第6纵队第16师第47团1连连续7次冲锋，打垮了敌人4次反冲锋，切断了国民党军第14师与廖耀湘兵团的联系，胜利完成任务。战后，第16师命名第47团1连为"英勇连"，并授予"英勇连"奖旗。奖旗由原部队保存，1960年4月入藏辽沈战役纪念馆。

【文物信息】尺寸：纵66cm 横126cm 质地：棉麻纤维
　　　　　现状：边残　　　　　　级别：国家二级文物

1948年10月26日，东北野战军在辽西黑山、大虎山以东纵横约120平方公里地域对廖耀湘兵团展开规模巨大的围歼战

东北野战军
第6纵队第18师第52团5连荣获的 "勇猛顽强" 奖旗

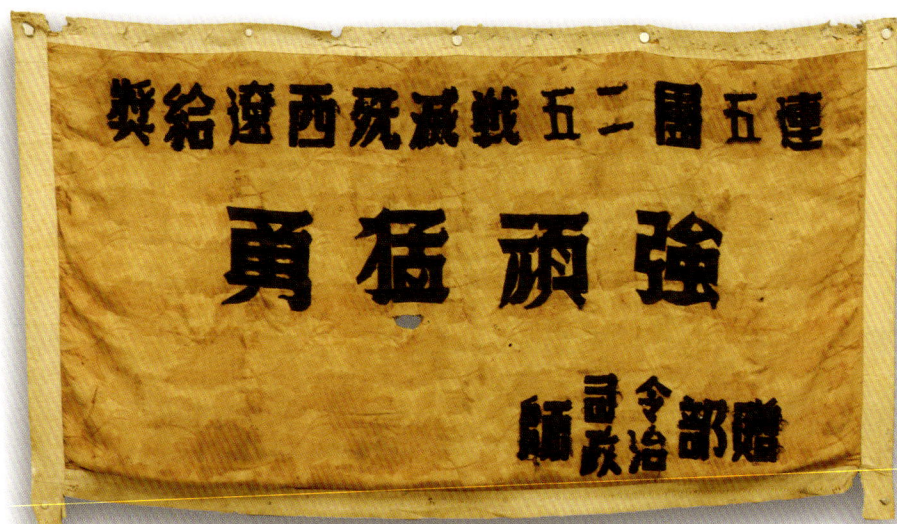

1948年10月26日黄昏，辽西围歼战中，东北野战军第6纵队第18师第52团5连在黑山厉家车站与国民党廖耀湘兵团遭遇，他们迅速占领了有利地形，给国民党新3军以迎头痛击，坚守了一昼夜，打垮了敌人14次进攻。这场厉家窝棚阻击战对全歼国民党廖耀湘兵团起到了至关重要的作用。战后，5连荣获这面奖旗。奖旗由原部队保存，1959年4月入藏辽沈战役纪念馆。

【文物信息】
尺寸：纵75cm 横134cm   质地：绸
现状：旗面有洞   级别：国家二级文物

东北野战军

第8纵队第22师第65团1连荣获的

"刺刀见红"奖旗

1948年10月25日，东北野战军第8纵队第22师第65团1连在黑山赵家窝棚阻击廖耀湘兵团南逃。他们英勇顽强，奋勇杀敌，子弹打光了，阵地上剩下的17名勇士与国民党军展开白刃格斗，14名勇士光荣牺牲。最后只剩下3人，在增援部队的支援下，胜利完成阻击任务。战后，荣获"刺刀见红"奖旗。奖旗由原部队保存，1962年9月入藏辽沈战役纪念馆。

【文物信息】

尺寸：纵90cm 横62cm

质地：绸

现状：残破

级别：国家二级文物

光荣榜上拍下的14位烈士的名录

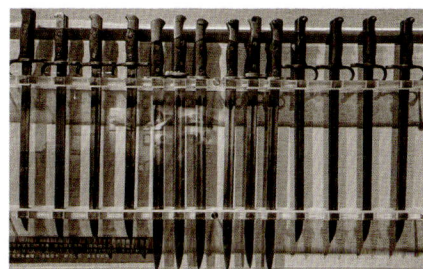

十四把刺刀

我军攻克锦州之后，立即回师辽西。图为某部指挥员在辽西阵地研究地形和战术

第8纵队第22师第65团2连2排荣获的

"英勇顽强"奖旗

奖给二连二排赵家窝铺战斗

英勇顽强

六十五团党委会赠

1948年10月，辽西围歼战中，东北野战军第8纵队第22师第65团奉命在大虎山南翼阻击廖耀湘兵团。23日，1营进占赵家窝棚。25日7时，国民党新6军新22师65团在密集炮火的支援下，集中兵力向我方阵地连续发动6次进攻。1营2连2排经12小时激战，打退敌人多次猛烈进攻，歼敌350多名，胜利完成阻击任务。战后，第65团授予2连2排"英勇顽强"奖旗。奖旗由原部队保存，1965年3月入藏辽沈战役纪念馆。

【文物信息】

尺寸：纵87cm 横64cm 质地：棉麻纤维

现状：完整 级别：国家二级文物

战士们构筑工事，准备阻击廖耀湘兵团

辽西围歼战于1948年10月28日结束,东北野战军全歼廖耀湘兵团5个军12个师及特种兵部队10万余人。图为国民党军俘虏走下战场

奖给
辽西战斗中
英勇顽强
三〇二连
二三团司令
三团师政治部

东北野战军
第8纵队第23师第69团3连荣获的
"英勇顽强"奖旗

　　1948年10月27日,辽西围歼战中,东北野战军第8纵队第23师第69团奉命在康屯拦截廖耀湘兵团向沈阳撤退。敌人为了闯开一条通向老达房、沈阳的道路,在2架飞机、80多门火炮掩护下,采取集团式密集队形发起猛攻。康屯阻击战斗从早晨打响,一直激战至晚上10时结束,第23师第69团机智勇敢,死打硬拼,第3连只剩下副连长王福锁等7人,全歼美械装备的国民党军精锐新22师第64团(号称"老虎团")3000余人,圆满完成战斗任务。战后,师司令部、政治部授予3连"英勇顽强"奖旗。奖旗由原部队保存,1986年7月入藏辽沈战役纪念馆。

　　(注:第69团辽沈战役后改编为第四野战军第402团)

【文物信息】

尺寸:纵93cm 横71cm

质地:棉麻纤维

现状:基本完整

级别:国家三级文物

伟 大 的 胜 利

辽沈战役历时52天，东北野战军以伤亡6.9万余人的代价，歼灭国民党军47.2万余人，解放东北全境。辽沈战役的胜利，使东北成为全国解放战争巩固的战略后方，使东北野战军成为一支强大的战略机动兵团，使中国军事形势进入一个新的转折点，使国际社会产生巨大反响，从而加速了中国革命的战争胜利进程。辽沈战役胜利后，东北野战军百万大军，奉命入关，为夺取平津战役以及全国解放战争的胜利，创造了更为有利的条件。

果之地區，開始了巨大規模之圍殲戰，敵狼奔豕突，東逃西竄，均無法逃脫我軍網羅，五個軍混作一團，一一爲我捕捉殲滅，歷時僅兩晝夜，至今（廿八日）晨五時，即全部解决戰鬥，敵新一軍之新三十師、新五十師，新六軍之新二十二師、一六九師、暫六十二師之第二團，新三軍之十四師、五十四

中共中央委員會電賀遼西大捷

嘉勉全軍爲全殲東北匪軍而戰

【新華社陝北廿八日電】中共中央頃致電祝賀遼西大捷。電稱：

林彪、羅榮桓、高崗、陳雲諸同志及東北人民解放軍全體同志們：

慶祝你們此次在遼西地區殲滅東北敵軍主力五個軍十二個師的偉大勝利。東北我軍在兩星期內連獲錦州、長春、遼西三次大捷，使敵人損失二十六個整師共約三十萬人的兵力，對於全國戰局貢獻極大。尚望激勵全軍再接再厲，爲全殲東北匪軍，解放瀋陽而戰！

中國共產黨中央委員會　一九四八年十月二十八日

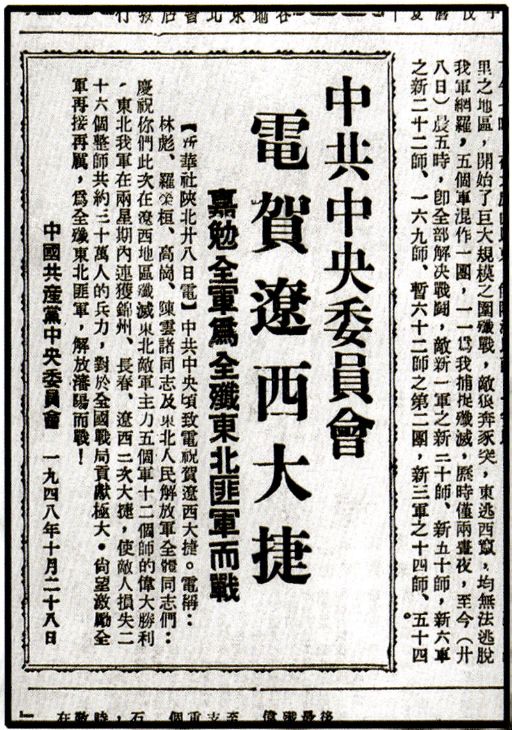

中国的军事形势现已进入一个新的转折点，即战争双方力量对比已经发生了根本的变化。人民解放军不但在质量上早已占有优势，而且在数量上现在也已经占有优势。这是中国革命的成功和中国和平的实现已经迫近的标志。……原来预计，从一九四六年七月起，大约需要五年左右时间，便可能从根本上打倒国民党反动政府。现在看来，只需从现时起，再有一年左右的时间，就可能将国民党反动政府从根本上打倒了。

——摘自毛泽东《中国军事形势的重大变化》

辽沈战役战绩统计表

歼国民党军472300人	毙伤56800人	俘虏324300人
	投诚64900人	起义26000人
主要缴获	弹药24620180发	各种炮6546门
	各种枪220264支	马匹23595匹
	电台353部	坦克161辆
	大车1062辆	汽车2261辆
	飞机9架	装甲车197辆

军民鱼水情（景观复原）

第三部分 奖旗熠熠 人民至上

人民创造历史，英雄来自人民。东北解放战争是中国共产党领导的人民战争，辽沈战役的胜利是人民的胜利。天地英雄气，千秋尚凛然。成千上万的革命先烈为了中国人民的解放事业，献出了宝贵的生命。他们的丰功伟绩，与山河同在，与日月同辉。

塔山阻击战遗址（现为塔山阻击战纪念馆）

程远茂荣获的
"英勇守备塔山　旗帜永远鲜明"奖旗

程远茂

程远茂获得的毛泽东奖章

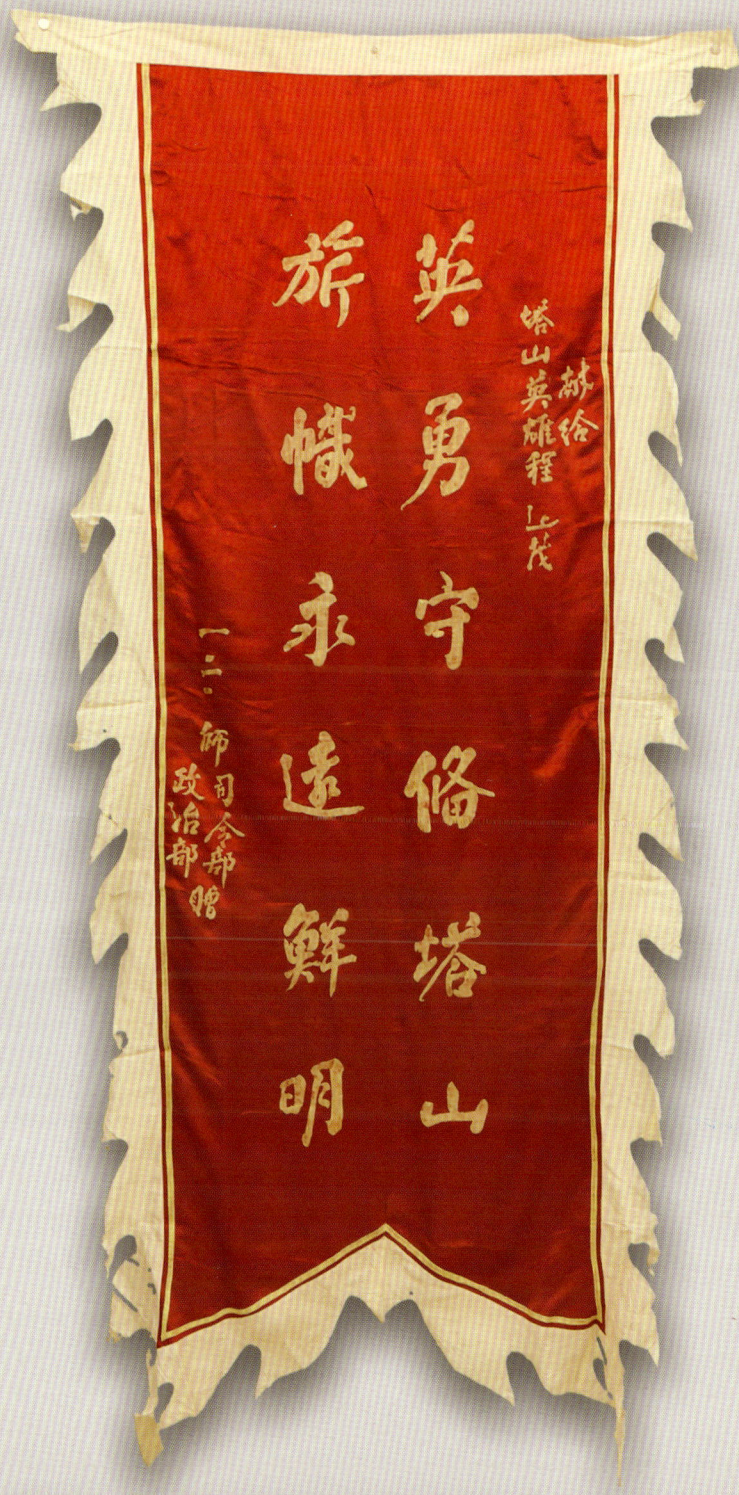

英勇守备塔山　旗帜永远鲜明

塔山英雄程远茂

赠给

（一〇）师司令部

政治部赠

　　程远茂(1919—2002)，山东省牟平县人。1945年参加革命，同年加入中国共产党。原东北野战军第4纵队第10师第28团1连1排指导员。1948年10月，辽沈战役塔山阻击战中，敌人以几十门重炮、多架飞机向我军铁路桥头阵地猛烈轰击。坚守5号阵地的1连1排在程远茂的率领下，击退了敌人8次集团冲锋，只剩下7个人，弹药也将用尽。在这紧急关头，程远茂以活跃的政治工作，灵活指挥，率领部队坚守阵地，宁死不退。弹药用完后，就用石头与敌人战斗，一直坚持到后续部队赶到，将敌击退。战后，程远茂被誉为"塔山守备英雄"，第10师授予他"英勇守备塔山　旗帜永远鲜明"奖旗。奖旗由程远茂本人保存，1958年12月入藏辽沈战役纪念馆。

【文物信息】尺寸：纵200cm 横83cm 质地：棉麻纤维

　　　　　　现状：完整　　　　　　级别：国家二级文物

董万功荣获的
"人民柱石"奖旗

奖旗

人民柱石

热东专区人民武装四前委员会奖

　　董万功是辽宁省绥中县秋子沟乡民兵队长。1946年7月，他率领民兵小分队用地雷、土炮与敌人周旋8天，保证了东北民主联军后勤部门的安全转移。战后，热东专署奖给他这面锦旗。奖旗由董万功本人保存，1954年入藏辽沈战役纪念馆。

【文物信息】
尺寸：纵75cm 横52cm　　　质地：布
现状：完整　　　　　　　　级别：国家二级文物

东北人民成立民兵自卫队

杜宝珠及家属荣获的
"人民功臣"和"一人立功 全家光荣"的奖旗

杜宝珠（1921—1948），辽宁省义县人。1945年参加革命，1946年加入中国共产党。原东北野战军第6纵队第17师第49团3营9连3排11班班长。1947年10月在攻打吉林团山子战斗中，他作战勇猛，被炮弹炸断了左胳膊，用一只手抱起冲锋枪，冲进了敌人的阵地，为主力部队打通了前进的道路，展现了英勇无畏的硬骨头精神。战后，荣立特等功，部队党委授予他"独臂英雄"称号。1948年10月，在辽沈战役辽西围歼战的朱家窝棚战斗中英勇牺牲。

杜宝珠

【文物信息】

尺寸：纵90cm 横59cm　　　质地：绸

现状：完整　　　　　　　　级别：国家二级文物

杜宝珠在团山子战斗中荣立三大功的喜报

【文物信息】尺寸：纵66cm 横133cm　　质地：棉布

现状：基本完整　　　　级别：国家二级文物

这两面奖旗是团山子战斗后，义县各界人民慰问团和义县政府奖励给杜宝珠及其家属的。奖旗由杜宝珠家属保存，1959年4月入藏辽沈战役纪念馆。

刘恩禄荣获的
"青年模范干部"奖旗

刘恩禄

【文物信息】

尺寸：纵73cm 横53cm

质地：绸

现状：完整

级别：国家二级文物

送给三白团一三连门为雅刘恩禄同志

青年模范干部

师政治部

刘恩禄（1923—2016），辽宁省辽中县人。1945年10月参加革命，在辽南军区第13师1营3连担任机枪手，因作战勇敢，不久后加入中国共产党。1946年5月，成为辽南军区第一个战斗英雄。1949年南下途中，部队奉命留守洛阳整训。当时因连长、指导员在师里学习，由副连长刘恩禄负责。他认真组织、以身作则，用模范行动影响带动了全连的练兵热情，圆满地完成了整训任务。整训后被师授予"青年模范干部""学习模范"等称号，并荣获"青年模范干部"奖旗。1949年4月，出席全国青年团代表大会，1950年，出席全国战斗英雄代表大会。奖旗由刘恩禄本人保存，1997年10月入藏辽沈战役纪念馆。

赵桂兰荣获的
"模范的共产党员
优秀的中华儿女"奖旗

赵桂兰是大连建新公司装配女工，她在紧急危难时刻，不计个人安危，舍身护厂，先后4次因抢救保护公司财产而自己受伤致残，被评为全国劳动模范。这是她在1950年7月出席东北军工先进生产者代表会时荣获的奖旗。奖旗由赵桂兰本人保存，1986年入藏辽沈战役纪念馆。

赵桂兰获得的奖状

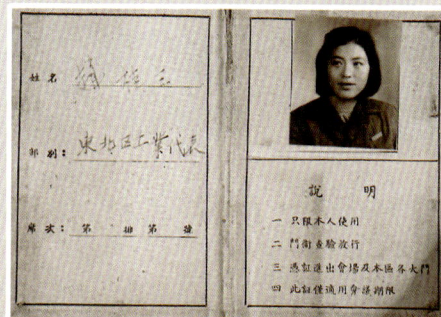

赵桂兰的全国代表证

【文物信息】

尺寸：纵110cm 横66cm

质地：绸

现状：完整

级别：国家二级文物

梁士英家属荣获的

"功臣之家" 奖旗

梁士英（1922—1948），吉林省扶余县人。1945年参加革命，1946年加入中国共产党，原东北野战军第2纵队第5师第15团8连2排战士。1948年10月14日，在锦州攻坚战中，用身体顶住塞入国民党军地堡里的爆破筒，炸毁地堡，打开了部队前进道路。战后，他被追认为特等功臣。吉林省扶余县三岔河街全体人民赠送此旗，以纪念梁士英在锦州战役中的英勇表现。奖旗由梁士英家人保存，1957年入藏辽沈战役纪念馆。

【文物信息】

尺寸：纵73cm 横53cm 　质地：绸

现状：完整 　　　　　　　级别：国家二级文物

一九四八秋季攻势
锦州战役建立奇功 梁士英同志纪念

功臣之家

扶余县三岔河街全体人民赠

梁士英舍身炸地堡后留下的爆破筒残片

梁士英

梁士英炸地堡旧址

结束语
JIE SHU YU

"为什么战旗美如画？英雄的鲜血染红了它！"这些经过战火洗礼的荣誉旗帜已经成为辽沈战役纪念馆馆藏的珍贵文物，它们在用另一种方式续写着荣光，践行着使命，告诫我们无论走得多远，都不能忘记来时路，都要牢记红色江山来之不易。

猎猎战旗背后的故事、承载的精神，必将汇聚更磅礴的思想伟力，激励更昂扬的奋斗意志，新时代的中华儿女一定会为中国式现代化的早日实现贡献力量。

辽沈战役纪念馆

战旗美如画——东北解放战争荣誉旗帜专题展览

入选2022年度"弘扬中华优秀传统文化、培育社会主义核心价值观"主题展览征集

推介项目

国家文物局
二〇二二年九月

"战旗美如画——东北解放战争荣誉旗帜专题展览"于2022年9月入选国家文物局2022年度"弘扬中华优秀传统文化、培育社会主义核心价值观"主题展览征集推介项目

2022年7月29日，"战旗美如画——东北解放战争荣誉旗帜专题展览"在辽沈战役纪念馆展出

2022年4月1日，"战旗美如画——东北解放战争荣誉旗帜专题展览"在贵州省四渡赤水纪念馆展出

2022年10月12日，"战旗美如画——东北解放战争荣誉旗帜专题展览"在渤海大学弘文馆正式展出

2023年5月18日，"战旗美如画——东北解放战争荣誉旗帜专题展览"在辽宁省沈阳市"九·一八"历史博物馆展出

图书在版编目（CIP）数据

战旗美如画：东北解放战争荣誉旗帜专题展览图集 /
辽沈战役纪念馆编 . —沈阳：辽宁人民出版社，2024.1
ISBN 978-7-205-11033-8

Ⅰ . ①战… Ⅱ . ①辽… Ⅲ . ①第三次国内革命战争—
史料—东北地区 Ⅳ . ① K266.06

中国国家版本馆 CIP 数据核字（2024）第 004267 号

出版发行：辽宁人民出版社
　　　　　地址：沈阳市和平区十一纬路 25 号　邮编：110003
　　　　　电话：024-23284321（邮　购）　024-23284324（发行部）
　　　　　传真：024-23284191（发行部）　024-23284304（办公室）
　　　　　http://www.lnpph.com.cn
印　　刷：辽宁新华印务有限公司
幅面尺寸：280mm×280mm
印　　张：$8\frac{1}{3}$
字　　数：120 千字
出版时间：2024 年 1 月第 1 版
印刷时间：2024 年 1 月第 1 次印刷
责任编辑：王　增
封面设计：董士阳
版式设计：董士阳　李海枝
责任校对：耿　珺
书　　号：ISBN 978-7-205-11033-8

定　　价：198.00 元